*Nach einem Manuskript von
Johann Wilhelm Haase-Lampe:*

Von der Biermaschine zum Rettungswesen

Die Aufbaujahre des Drägerwerks

Herausgegeben von Lisa Dräger

Die Herausgeberin Lisa Dräger vor dem Portrait Ihres Mannes

*Nach einem Manuskript von
Johann Wilhelm Haase-Lampe:*

Von der Biermaschine zum Rettungswesen

Die Aufbaujahre des Drägerwerks

Herausgegeben von Lisa Dräger

Nach einem Manuskript von Johann Wilhelm Haase-Lampe:
Von der Biermaschine zum Rettungswesen; Die Aufbaujahre des
Drägerwerks

© 2007 Herausgegeben von Lisa Dräger, Lübeck

Druck: Dräger + Wullenwever print + media Lübeck GmbH & Co. KG

Entstanden mit Unterstützung durch:

Der Buchschreiber
Von-Anckeln-Straße 17
D-21029 Hamburg
www.buchschreiber.de

Hergestellt in Deutschland
ISBN 978-3-937900-04-9
Verlag DrägerDruck, Lübeck

Vorwort der Herausgeberin

Immer wieder habe ich mir das Manuskript von Johann Wilhelm Haase-Lampe vorgenommen. Ich war mir nicht schlüssig: Sollte es im Archiv bleiben oder sollte ich es vor dem Vergessen bewahren?

Ich habe mich dafür entschieden, es zu veröffentlichen. Und ich glaube, ich habe gute Gründe dafür. Zum einen hat Herr Haase-Lampe die Gründer Heinrich und Bernhard Dräger noch selbst gekannt. Über viele Jahre hinweg konnte er die Entwicklung des Drägerwerks und der Produkte verfolgen, war oft hautnah bei entscheidenden Versuchen dabei. Durch seine Sachkunde und seinen ganz eigenen, biografischen Berichtsstil nimmt er den Leser an die Hand, reduziert komplexe Zusammenhänge auf eine nachvollziehbare Ebene, wird nüchtern, wo Sachlichkeit geboten ist, und dramatisch, wo es um Menschenleben geht. Ob Unglück oder Triumph, wissenschaftlicher Disput oder Unternehmergeist: Johann Wilhelm Haase-Lampe ist kein Archivar, sondern ein Zeitzeuge, der weitaus mehr über die Wurzeln des Drägerwerks zu vermitteln weiß als jede auf Hochglanzpapier gedruckte Firmenpräsentation.

Zum anderen aber wird mir bei der Durchsicht des vorliegenden Buches etwas ganz Wesentliches deutlich, etwas, das in der heutigen Bewertung eines Unternehmens allein am Aktienwert verloren gegangen ist: Die Erzeugnisse des Drägerwerks dienen nicht zuerst den Aktionären. Sie dienen dem Menschen. Denn Heinrich und Bernhard Dräger waren gleichsam von dem Wunsch beseelt, Leben zu retten, wo es bislang nicht möglich war. Die furchtbaren Grubenunglücke zu Beginn des zwanzigsten Jahrhunderts waren Auslöser für die Entwicklung der Rettungsgeräte und stetiger Antrieb für deren Verbesserung. Nicht aus sicherer Entfernung wurde die Tauglichkeit der eigenen Entwicklung überprüft, sondern direkt vor Ort und in unmittelbarem Kontakt mit Rettern und Geretteten – ausgerichtet an den Bedürfnissen der Menschen.

Es wäre schön, würde dieser Ansatz wieder ein wenig mehr ins Bewusstsein der Entscheidungsträger rücken. Ich würde mich freuen, wenn dieses Buch einen bescheidenen Beitrag dazu liefert.

Lisa Dräger
Lübeck, im November 2007

Über den Autor

Johann Wilhelm Haase-Lampe wurde am 16. September 1877 in Bremen geboren und starb am 12. Februar 1950 in Lübeck. Er war ein Pionier auf dem Gebiet des Grubenrettungswesens und ein Fachmann mit internationalem Ruf. Dr. Heinrich Dräger sagte über ihn:

> *Durch seine über 40-jährige unermüdliche Tätigkeit im Aufbau und in der Organisation des Grubenrettungswesens, durch zahlreiche Vorträge und Veröffentlichungen hat er sich größte Verdienste um das Grubenrettungswesen und den Atemschutz erworben.*

Johann Wilhelm Haase-Lampe arbeitete von 1897 bis 1902 zunächst als Theater- und Musikrezensent sowie als Berichterstatter über Kriminales und Soziales für mehrere Zeitungen an Rhein und Ruhr. Nachdem er seinen Lesern zunächst über mehrere große Betriebsunfälle berichtet hatte, befasste er sich mit deren Entstehung und einer möglichen Unfallverhütung und kam so zum Grubenrettungswesen. Durch Befahren der Schächte fast aller Großzechen lernte Haase-Lampe die Grubenarbeit und ihre Gefahren kennen.

1903 kam Johann Wilhelm Haase-Lampe nach Lübeck, lernte Heinrich und Bernhard Dräger persönlich kennen und wurde der Direktor für Werbung und Öffentlichkeitsarbeit des Drägerwerks. Als Freund der Familie befasste er sich bis zu seinem Tod mit den Produkten des Drägerwerks und seinen Erfindern.

Das Manuskript zum vorliegenden Buch hat Johann Wilhelm Haase-Lampe gleich nach Ende des Zweiten Weltkrieges begonnen. Nun erst wird es veröffentlicht. Der Text wurde gestrafft und in einigen Formulierungen geglättet, aber in den wesentlichen Inhalten übernommen.

Johann Wilhelm Haase-Lampe

Inhalt

In den Vierlanden verwurzelt 10
Die Kohlensäure: Beginn der Dräger-Technik 17
Beginn der Autogen- und Medizintechnik 26
Das Grubenunglück in Courriéres... 33
Weiterentwicklung der Dräger-Gasschutzgeräte 47
Die Organisation des Drägerwerks 74
Die Gründung der Hauptrettungsstellen 86
Der Weltkrieg 1914/18 und die Nachkriegszeit 110
Konsolidierung und Aufschwung 141
Der Rettungsmann – Bericht eines Zeugen 161
Der Aufbau des Gasschutzes in Europa 169
Weitere Entwicklungsarbeiten 174
Bernhard Drägers Tod 185

In den Vierlanden verwurzelt

Es fällt mir als siebzigjährigem Mann nicht leicht, die Erinnerung an diese Tage im Jahr 1905 einzufangen. Ich beginne meine Niederschrift inmitten des deutschen Winterelends 1946. Der Leser möge es mir deshalb nachsehen, falls ich manche Dinge im Rückblick ein wenig verklärt schildern sollte.

Ich stand 1905 am Elbufer bei Hoopte und erwartete den Fährmann vom Zollenspieker. Alles, was sich am gegenüberliegenden Ufer erkennen ließ, war Vierlande[1]. Breite Walmdächer, reetgedeckt und mit weißem Giebelgebälk, blickten über die Deichkronen und dünne Rauchsäulen stiegen hoch.

Die Laternen kletterten an den Masten der Einsegler auf, die der Landwind langsam vor sich her trieb. Am Bug der Dampfer blitzten farbige Lampen. Die Schleppzüge kämpften gegen die elbabwärts drängenden Wassermassen.

Die Fähre machte an den Landungsbrücken am Zollenspieker fest. Ich stieg über die feuchte Rampe ans Ufer. Unter den Linden,

---

[1] Fruchtbare Marschlandschaft östlich von Hamburg (Gemüse- und Obstanbau) zwischen Elbe und Bille, benannt nach den vier alten Dörfern Alten- und Neuengamme, Curslack und Kirchwerder.

wo sich sonntags lachende Menschen zutranken, war es jetzt leer und still. Ich betrat Vierländer Boden nicht zum ersten Mal. Die Nacht verbrachte ich in einem Erkerzimmer, in dem es nach frischem Holz roch.

Am nächsten Morgen war ich auf dem Weg zum Ho'braak auf der Hove. Hein Timmann stand an der Tür seines Gasthofes und sah den Deich entlang. Er erkannte mich. Ein Jahr zuvor war ich zum ersten Mal bei ihm gewesen. Mit schnellen Schritten kam er mir entgegen.

»Fein, Jan, dass du da büst.«

Er war ein Mann mit aufgeschlossenem Gesicht und hellen Augen. Mehr Bauer und Geschäftsmann als Gastwirt.

»Hein Dräger hat dich angekündigt. Er schrieb mir«, sagte er mit einem Lächeln und zog eine Karte aus der Tasche, »da – lies.«

Ich erkannte Heinrich Drägers Handschrift. Er schrieb:

Dein und mein Freund Jan Wilhelm Haase-Lampe wird zu dir kommen, dich über mich auszufragen. Lüge nicht zu viel. Der Kerl schreibt alles auf und bringt es in die Zeitung.

Ich gab die Karte schmunzelnd zurück. Hein Timmann legte sie wieder in seine Brieftasche. Nach einem reichhaltigen Frühstück fing er an zu erzählen:

»Es ist nicht so einfach«, fing Hein Timmann an, »mit Hein Drägers Person fertig zu werden. Wir haben es ihm lange Zeit ein bisschen übel genommen, das Auswandern. Er hatte bei uns doch sein Auskommen. Alle Vierländer Uhren hielt er in Gang, und Nähmaschinen verkaufte er nicht wenige. Doch jetzt sehen wir alles ganz anders. Er ist heute Fabrikbesitzer, und sein Sohn Bernhard wird als Ingenieur gerühmt. Wir sehen nun, wie richtig es war, dass er die Lande 1881 verließ und mit Kind und Kegel nach Bergedorf umzog. Wir verstehen auch, dass ihn schließlich das Schicksal nach Lübeck führte, wo auch Tony, seine zweite Frau, to Hus ist. Heute sind wir nicht wenig stolz auf ihn und seinen Jungen, der ja auch ne Veerlännerin to Frau hätt – Elfriede, de öllste Dochter von unsen Doktor Stange in Kirchwärder.«

»Du kannst dich doch noch gut auf eure Jungensjahre besinnen,« drängte ich Hein Timmann.

»Ja, das kann ich. Es ist merkwürdig, wenn ich sagen muss: Du und ich sitzen augenblicklich auf dem Grund und Boden, auf dem Hein Dräger geboren wurde. Vor der Erbauung dieses Kruges stand hier hinterm Deich ein Katen – das alte, reetgedeckte Haus eines Kätners[1]. Heins Vater Ernst-Friedrich Dräger, der Anfang der vierziger Jahre von Bardowick nach Vierlande kam, pachtete die Kate, als er bei Puttfarcken auf dem Sand seine Knechtsarbeit aufgab und sich nur noch mit der Uhrmacherei und anderen Metallarbeiten beschäftigte. Er heiratete Anna Lührs, eine resolute Vierländer Deern. Ich habe sie als junge Witwe kennen gelernt. Ihr Mann starb nach kurzer Ehe an der Cholera. Frau Anna Dräger fing nun einen Manufakturwarenhandel an, mit dem sie gut zurecht kam. In düsse Tied wörn Hein Dräger und ick Schoolkameraden.«

»Und was weißt du noch aus eurer Schulzeit?«

»Wir gingen in Kirchwerder zur Schule, beim alten Schilling. Hein Dräger hatte es nicht leicht. In den beiden letzten Schuljahren galt er als unverbesserlicher Querkopf. Er konnte etwas, aber manches wollte er besser wissen als der Alte. Hein las sehr viel. Dadurch war er uns unheimlich. Sein Vater hatte Bücher über Himmelskunde und Elektrizität hinterlassen. Wenn Schilling auf diese Dinge nach seiner Vorstellung zu sprechen kam, dann fuhr ihm Hein Dräger mit Antworten dazwischen, die den Alten in große Verlegenheit und noch größere Wut brachten.

Nach der Schulzeit gingen Hein Dräger und ich eigene Wege. Jeder hatte seine Berufsnöte. Schon als Schuljunge war er mit den Werkzeugen seines Vaters vertraut. Er verstand, sie anzuwenden. So fing er an, sich um unsere ungepflegten Uhren zu kümmern und brachte sie wieder in Gang. Wir nannten ihn unseren Klockenschooster, so hatten wir schon seinen Vater angesprochen.

Hein war ein großer Kerl geworden. Überall gern gesehen, wenn er auch zuweilen stachelig werden konnte. Niemals waren wir vor

---

[1] Bauer mit kleinem Anwesen (Kate)

seinen Streichen sicher. Bald drehten die Deerns die Köpfe nach ihm um. Er war ein schmucker Junge mit lebensfrohen Augen. Wir waren erfreut, zu sehen, wie ernst Hein Dräger seine Pflicht nahm, im Haus seiner Mutter Mitverdiener sein zu müssen. Anna Drägers Manufakturwarengeschäft war beliebt und einträglich geworden.

Aber der geistig rege, von allerlei technischen Ideen erfüllte Sohn des Hauses versuchte, die Wege seines Vaters zu gehen. Er baute einen Kleinbetrieb für Uhrenreparaturen auf, erkannte aber bald die Lücken seines Könnens. Um die Uhrmacherei zunftgemäß betreiben zu können, ging er als Lehrling zu einem Uhrmacher in Bergedorf. Somit entstand für sein technisches Wollen und Können ein fester Weg. Ich habe das erst erkannt, als ich mir überlegte, was ich über ihn sagen könnte: Ohne Veerlänner Uhren keen Klockenschosster und ohne Klockenschooster keen Drägerwerk.

Ohne Veerlänner Uhren keen Klockenschooster und ohne Klockenschooster keen Drägerwerk.

Hein Dräger ging in die Feinmechanik. Er wurde aber auch Geschäftsmann. Er verkaufte in Vierlande die ersten Zylinder-Taschenuhren und die ersten Singer-Nähmaschinen. Später brachte er die Abessinier-Wasserpumpen in die Lande. Sie taugten nicht viel, und er verbesserte sie durch eine eigene Erfindung. Nach unseren Begriffen war er nun ein gemachter Mann.

Jahre vergingen, da musste Anna Dräger die alte Kate verlassen. Das Haus – es gehörte einer Hamburgerin Vierländer Abstammung – wurde in Erbregulierung verkauft. Kauf brach Pacht. Mutter und Sohn bauten sich kurzentschlossen ein eigenes Haus auf einer selbstaufgeworfenen Wurft[1] am Ho'braak.

Hein Dräger brachte 1869 eine junge Frau ins Haus, Emma Puls, Alexander Bernhard Drägers Mutter. Sie starb 1873, als der Junge drei Jahre alt war. Ein Jahr lang war der sonst fröhliche Hein wortkarg. Ower mit dörtig Johrn steiht dat Lewen noch nich still. Er suchte unsere Gesellschaft. In mancher freien Abendstunde haben wir uns über die Vorgänge in der Welt ausgesprochen. Hein Dräger erzählte seine Geschichten aus Technik und Astronomie, die

---

[1] auch Warft: Aufschüttung zum Schutz vor Überflutung

uns manchmal unglaublich erschienen. He har 'n beeten veel Fantasie.«

Hein Timmann schwieg und sah nachdenklich durch die offen stehenden Fenster. Ich hatte ihm gut folgen können und mir Notizen gemacht, war aber über seine zusammenfassende Erzählweise verwundert. Er war ein erfahrener Mann und kam mit vielen Menschen in Berührung. Er konnte das Schicksalhafte im Leben der Menschen sehen, die er kannte.

»Hein Drägers Fantasie«, fuhr er fort, »hatte ihm den Spitznamen ›Kalendermacher‹ eingebracht. Wegen der lügenhaften Geschichten in den Kalenderbüchern, die jedes Jahr ins Haus kamen.

In Lehrer Rieckens Haus lernte Hein Tony Petersen kenne, ein ansehnliches und kluges Mädchen. Sie war die Tochter des Kaufmanns Siegmund Petersen in Lübeck. 1875 zog sie als Hein Drägers zweite Frau in das Haus Ho'braak. Sie schenkte ihm 1876 einen zweiten Sohn, genannt Siegmund. Unser Hein war sehr stolz, und wir alle freuten uns mit ihm. Nun erhielt auch sein Garten, der nicht ganz auf der Höhe war, ein anderes Aussehen. Tony machte sich an die Gartenarbeit heran, die Hein nicht liebte. Wir haben oft sehen können, wie er – das Gartengerät zur Seite geworfen – unter seinen Kirschbäumen im Gras lag und in den Himmel träumte. Er kam deshalb unverdienterweise in den Ruf, arbeitsscheu zu sein. Der Vierländer Inbegriff der Arbeit lag nämlich in der Gartenarbeit. Unter Tonys Händen blühte der Hausgarten. Sie konnte ernten und davon verkaufen. Sie trug Vierländer Tracht, in der sie sich als schmucke Frau vorstellte. Aber wir fühlten, sie würde nie ganz zu uns gehören. Das Geborensein in der Stadt bleibt im Blut.

1881 beschloss das Ehepaar, nach Bergedorf umzusiedeln. Hein Drägers Freundeskreis und wohl alle, die mit ihm geschäftlich zu tun hatten, waren mit diesem Entschluss nicht einverstanden. Ein Vierländer gehört in die Lande. Wo sollten wir einen anderen Klockenschooster hernehmen? Er hatte es doch bei uns zu was gebracht. Uns gegenüber stöhnte er zwar oft genug. Aber das tut jeder Vierländer und hett likkes sien Silber in 'n Bettstroh. Doch andere sagten: Er will höher hinaus. Und es war etwas Gehässiges in

Die anderen sagten gehässig: »**Der will höher hinaus.**« **Den Vierlanden durfte keiner abtrünnig werden.**

dieser Meinung. Dem abgeschlossenen Volkstum, in dem wir damals noch lebten, durfte keiner abtrünnig werden. Er war ein Vierländer mit Begabung für technische Erfindungen, darauf waren wir stolz. Einen solchen Vierländer gab es bisher nicht. Konnte er nicht bei uns ungestört erfinden?«

Hein Timmann machte eine längere Pause.

»Und was weißt du noch von dem kleinen Bernhard?«, fragte ich nach einer Weile.

»Er war ein feingliedriger Junge mit klugen Augen. Wie sein Vater als Junge in Großvaters Werkzeug kramte und mit ihm hantierte, so beschäftigte er sich mit dem Werkzeug unseres Hein, welches inzwischen viel umfangreicher geworden war. Wie damals alle Vierländer Jungs trug er von Mutter und Großmutter selbstgemachte Kleidung. Er hatte derbes Fußzeug, wie es für unser Marschland gut war. Wir lebten in einer von Sparsamkeit regierten Bedürfnislosigkeit.

Wie sein Vater ging Bernhard nach Kirchwerder zur Schule. Als Elfjähriger kam er nach Bergedorf. Hein Dräger konnte seinen Ältesten dort auf eine höhere Schule schicken. In Lübeck, wohin Hein Dräger 1886 mit Frau, Kindern und Großmutter Anna auswanderte, kam Bernhard auf eine noch höhere Schule, das Katharineum, und später studierte er auf der Technischen Hochschule in Berlin.

Ich war im Vorjahr in Lübeck. Hein Dräger führte mich durch den Betrieb. Über dem Hoftor stand der Firmenname ›Drägerwerk, Heinr. & Bernh. Dräger‹. Ich kann nur sagen: Alle Achtung vor dem, was Vater und Sohn geschaffen haben. Ein Übungshaus für Atemschutzapparate war in Vierländer Fachwerk erbaut, und über dem Eingang des Kontorhauses fand ich den Donnerbesen in Vierländer Ziegelsetzung. Ich sah: Sie würden mit der Zähigkeit und Gründlichkeit ihren Weg weitergehen wie die Vierländer Deichbauern im Kampf mit Wasser und Wasserflut.«

Hein Timmann war mit seiner Erzählung zu Ende. Ich hatte alles säuberlich zu Papier gebracht, und er gab mir Zeit, ihm das Aufgeschriebene vorzulesen.

»Das hast du«, meinte er, »alles fein hingekriegt. So kannst du es Hein Dräger vorlesen.«

Aber das geschah erst fünf Jahre später.

Die Kohlensäure: Beginn der Dräger-Technik

Fünf Jahre blieben die Drägers in Bergedorf. Heinrich Dräger betrieb weiter sein Uhren- und Nähmaschinengeschäft. Doch er wollte mehr. Am 1. Juli 1886 bekam er das Angebot, die Lübecker Vertretung für das Bergedorfer Eisenwerk zu übernehmen. So zog die Familie um in die Geburtsstadt seiner Frau.

Tony, eine für ihre Generation sehr engagierte und selbstbewusste Frau, hatte sich sehr für diesen Wechsel ihres Mannes eingesetzt. Es bedeutete für ihn nicht nur eine berufliche Weiterentwicklung, sondern auch die Abkehr von Uhren und Singer-Nähmaschinen. Seine neue Aufgabe war der Verkauf und Vertrieb der Waren des Bergedorfer Eisenwerks. Heinrich Drägers Kunden waren die Meiereien der Umgebung. Im Alltag bedeutete das: ellenlange Fußmärsche und viel Theorie bei anstrengenden Verkaufsverhandlungen. Dass er damit nicht dauerhaft glücklich werden könnte, war schnell abzusehen. Er brauchte es, Dinge zu erschaffen. Und er brauchte Unabhängigkeit.

Nach zwei Jahren bei den Bergedorfer Eisenwerken machte Heinrich Dräger sich selbstständig.

Im Herbst 1888 gründete er mit Carl Adolf Gerling, einem Kaufmann aus Mecklenburg-Vorpommern, die Firma »Dräger & Gerling, Vertrieb von Maschinen und Geräten«. Ihre Artikel waren vollständig eigenproduziert. Am 1. Januar 1889 eröffneten die beiden Jungunternehmer einen Laden- und Werkstattbetrieb für technische Handelsartikel in der Braunstraße in Lübeck. Hier startete bald Bernhard, Heinrich Drägers ältester Sohn, seine berufliche Laufbahn. Er hatte gerade das Katharineum mit der Berechtigung zum Einjährigen[1] verlassen. Sein Vater fürchtete die Ausgaben für einen noch drei Jahre dauernden Schulbesuch, und so unterblieb das Abitur.

Tagsüber absolvierte Bernhard eine einjährige Lehre in den Reparaturwerkstätten der Lübeck-Büchener Eisenbahn. Nach Feierabend saß er bei seinem Vater in dem kleinen Kontor der kontinuierlich wachsenden Firma. Naturwissenschaft war seine große Stärke, und er sollte schon bald Gelegenheit haben, diese Fähigkeit zukunftsweisend einzusetzen.

Zwischen Vater und Sohn entwickelte sich trotz Bernhards Jugend eine gleichberechtigte Arbeitsgemeinschaft. Zwei hoch professionelle Tüftler und Macher, die ihrer Produktivität freien Lauf ließen. Die innovativen Ideen gaben sich die Klinke in die Hand. Bernhard und Heinrich Dräger haben oft und heftig untereinander um das Erstlingsrecht an den Erfindungen gekämpft.

Mit »Biermaschinen« begannen Vater und Sohn den Aufbau des Unternehmens.

Doch erst einmal war es Vater Heinrich, vor dessen Augen sich ungeahnte Zukunftsmöglichkeiten auftaten. Sein damaliges Forschungsgebiet war die Entspannung verdichteter Gase. Ein Zufall führte ihn dabei zur flüssigen Kohlensäure.

In seiner Maschinen- und Gerätehandlung wurden »Biermaschinen« verlangt, Druckapparate, wie sie sich in den achtziger Jahren des 19. Jahrhunderts langsam in den Gastwirtschaften etab-

---

[1] heute: Mittlere Reife. Das Einjährige hieß so, weil junge Männer mit diesem Bildungsabschluss statt des normalen dreijährigen Wehrdienstes auf freiwilliger Basis nur ein Jahr dienten. Diese nannte man Einjährig-Freiwillige, und die Mittlere Reife hieß »wissenschaftliche Befähigung für den Einjährig-Freiwilligen Militärdienst«.

lierten. Vater und Sohn hörten sich um. Sie fanden eine Fabrik, die diese Apparate herstellte. Eines der neuartigen Ausschankgeräte wurde gekauft. Es bestand aus einer eisernen Flasche mit circa zehn Litern flüssiger Kohlensäure unter einem Druck von 60 at[1], aus einem Druckminderventil mit Schlauch und einem Ansteckrohr mit Ablaufhahn für das Bierfass. Die Apparatur wurde sofort einer persönlichen Prüfung unterworfen. Bemerkenswert dabei: Keiner der beiden Männer hatte bisher mit flüssiger Kohlensäure[2] irgendetwas zu tun gehabt.

Das zwischen Kohlensäureflasche und Ansteckrohr geschaltete Druckminderventil hatte die Aufgabe, den von der Flasche kommenden Kohlensäure-Hochdruckstrom – 50 bis 60 at – auf einen niedrigeren Betriebsdruck zu bringen, der – ablesbar an einem Manometer – in verschiedener Höhe eingestellt werden konnte. Eine Strömungsgeschwindigkeit oder Mengengröße, die ein teilweises Erstarren der Kohlensäure zur Folge hätte, musste vermieden werden. Der eingestellte Betriebsdruck durfte trotz der im Hochdruckbehälter (Flasche) allmählich eintretenden Drucksenkung nicht oder nicht wesentlich abfallen, wenn ein komplettes Fass Bier leergedrückt werden sollte. Keine leichte Aufgabe, erst recht nicht, wenn man das erste Mal damit konfrontiert ist. Doch Vater und Sohn hatten das Druckminderventil als Herzstück des Apparates schnell erkannt und verstanden.

In einem aus dieser Zeit stammenden Katalog-Manuskript von Bernhard Dräger schreibt er:

Sobald Kohlensäure durch immer mehr verbesserte technische Hilfsmittel zum Handelsgegenstand geworden war, tauchte der Gedanke auf, sie zum Ausschank des Bieres zu verwenden. Denn welches Druckmittel konnte geeigneter erscheinen als die Kohlensäure selbst, um die flüchtige Kohlensäure des Bieres gehörig im Zaum zu halten. Es fehlte nicht an weitestgehenden Versuchen, aber die Schwierigkeiten

---

[1] alte physikalische Druckeinheit; 1 at = 0,980665 bar = 98066,5 Pa
[2] Unter hohem Druck verflüssigt sie sich zu einer farblosen, leicht beweglichen Flüssigkeit. Bei gewöhnlichem Druck würde die Flüssigkeit verdampfen.

hierbei waren keine geringen. Wenn man bedenkt, dass sich in den eisernen Flaschen, die mit flüssiger Kohlensäure gefüllt sind, ein Druck von 50 bis 60 Atm befindet – zehnmal stark genug, um die stärksten Bierfässer zu zerreißen –, so wird es erklärlich, wenn die Entwicklung der Apparate, die für eine Verwendung der flüssigen Kohlensäure beim Bierausschank zusammengestellt wurden, eine äußerst langsame war. Weiter zu helfen war allein das Druckminderventil berufen.

Die erste und wegweisende Arbeit war die Optimierung des Druckminderventils.

Man beschloss, der Fabrik eine größere Stückzahl der Bierdruckapparate abzunehmen und sie in den Handel zu bringen. Die Firma Dräger & Gerling blühte auf. Doch leider stieg auch die Anzahl der Retouren. In wachsender Zahl wurden die Druckminderer als reparaturbedürftig zurückgeschickt. Sie waren undicht, zeigten einen schnellen Druckabfall. Die zweite Phase der experimentellen Prüfungen stand an. Heinrich und Bernhard erkannten schwere Konstruktionsfehler. Schnell war klar: Das Problem wird nur durch eine Neukonstruktion zu beseitigen sein, und nur per Eigenkonstruktion könne man ein verbessertes Druckminderventil gewährleisten. Und so planten und fertigten die beiden 1889 den ersten betriebssicheren Kohlensäure-Druckminderer, das »Reducier-Ventil«. Es fand einen enormen Absatz. In dem bereits erwähnten Katalog-Manuskript schreibt Bernhard Dräger weiter:

Aber in der Gewalt der unter 60 Atm Druck in der Flasche enthaltenen Kohlensäure erwuchs ein scheinbar unüberwindliches Hindernis, besonders wegen des folgenden Umstandes: Bei allen früheren Druckminderventilen vom Gasdruckregulator für nur 10 mm WS[1] bis zum neuesten Gasdruckminderventil für 10 Atm wurde immer nur der Zweck verfolgt, einen sich im Druck gleich bleibenden Strom herzustellen. Das Ventil brauchte nicht dicht zu schließen. Sollte der Strom unterbrochen werden, so geschah das durch einen Hahn am Hochdruckbehälter.

Beim Druckminderventil für flüssige Kohlensäure jedoch wurde gerade diese Bedingung des selbsttätigen sicheren Abschlusses beim

---

[1] alte Maßeinheit für den Druck; 10 m WS = 1 at = 98,0665 kPa

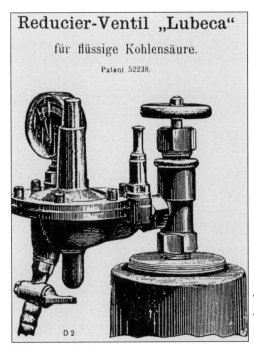

Das erste Dräger-Druckreduzierventil »Lubeca« von 1889.

Wachsen des Druckes auf eine bestimmte Höhe zur Notwendigkeit. Denn im angesteckten Fass muss das Bier stundenlang stehen, ohne an Menge abzunehmen, z.B. des Nachts. In dieser Zeit darf der Druck unter keinen Umständen allmählich größer werden, denn dann wäre die Gleichmäßigkeit dahin, außerdem aber auch die Gefahr vorhanden, dass entweder die Kohlensäure zum Sicherheitsventil hinausfliegen oder dass Bierfässer explosionsartig zerreißen würden.

Bei diesen Hürden kein Wunder, dass das perfekte Druckminderventil für flüssige Kohlensäure noch ein paar Jahre auf sich warten ließ. Für die Überwindung der Kinderkrankheiten des in einigen Abarten gebauten »Reducier-Ventils« war eine Reihe wichtiger Zusatzerfindungen nötig. Bernhard Dräger und sein Vater forschten mit voller Kraft. In dieser Zeit entschloss sich Bernhard, noch einmal das Katharineum zu besuchen. Er hospitierte für Mathematik, Physik und Chemie in der Prima.

Vorschlag

zur Einführung eines Normal-Kohlensäure-Gewindes an den Verschlussventilen auf Flaschen für flüssige Kohlensäure.

Ausgehend von dem Gedanken, dass bei Aufstellung eines solchen Gewindes alle vorhandenen Faktoren berücksichtigt und dass den in der Praxis vorkommenden Dimensionen nach Möglichkeit Rechnung getragen werden müsse, kam ich auf nachstehend skizziertes Gewinde. Dasselbe ist also kein willkürliches, theoretisches, sondern es ist so beschaffen, **dass es zu den meisten in Gebrauch befindlichen Kohlensäureapparaten passt.**

Durch nachstehende Zeichnungen Fig. 1, 2 und 3 möchte ich meinen Vorschlag präzisieren und empfehle ich folgende Positionen zur Annahme:

Fig. 1.

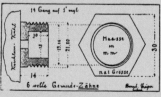

1) Mutter über flache Seiten . . . = 30 mm
2) Weite der Höhlung im Gewinde = 13 »
3) Tiefe » » » » = 10 »
4) Ganze Zapfen-Länge . . . . = 14 »
5) Volle Gewinde-Zähne . . . . = 6 Stück
6) Aeusserer Gewinde-Durchmesser = 21,80 mm
7) Gewinde-Kern-Durchmesser = 19,46 »

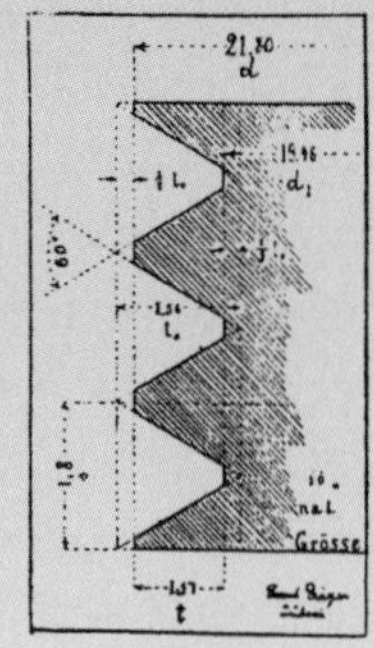

Fig. 2.

8) s = 1,8 = 14 Gang auf 1" engl.
9) Kantenwinkel = 60°
10) t_0 = 1,56 mm
11) Abflachung = $^1/_8$ t_0
12) Gewindetiefe = 1,17 mm.

Fig. 3 zeigt eine Schablone, welche die vorstehenden Maasse fixiert und welche später zusammen mit Gewindebohrern und Schneideisen von Herrn *J. E. Reinecker*, Chemnitz zu beziehen ist.

Fig. 2.

Fig. 3.

Norm-Vorschlag von Bernhard Dräger (1885)

Dass dem Markt tatsächlich eines Tages das optimierte Druckminderventil zur Verfügung gestellt werden konnte, ist zu einem großen Teil ein Verdienst der Drägerschen Bierdruckapparate- und Armaturenfabrik. Doch die Ansprüche der Gastwirtschaften stiegen. Sie verlangten nun vollständige Ausschankeinrichtungen mit Ausschankschränken und -tischen, mit Kühl- und Spüleinrichtungen. Die Montage des Ganzen wurde als selbstverständlicher Service angesehen. Drägers passten sich den Anforderungen der Zeit an.

Teilhaber Gerling starb 1891 unerwartet an einer Magenerkrankung. Das Unternehmen firmierte nun als »Lübecker Bierdruckapparate- und Armaturen-Fabrik Heinrich Dräger«. Die vorrangigste Sorge war bald die zeitraubende Suche geeigneter Arbeitsräume. Bis 1892 wechselten sie viermal das Geschäftslokal, zehnmal die Wohnung. Heinrich Dräger erzählte über diese Zeit:

Die eigenen Werkstätten waren bald notwendig geworden.

Am 1. Januar 1892 erwachten wir, nachdem wir über zehn Jahre heimatlos umhergepilgert waren, auf eigenem Grund und Boden, unter eigenem Dach im Hause Moislinger Allee Nr. 66 zu Lübeck, an der Straße nach Hamburg. Endlich Werkstätten und Kraftantrieb, endlich räumlich und wirtschaftlich die Möglichkeit, neue Maschinen aufzustellen und den Mitarbeiterstab zu vergrößern.

Bernhard Dräger war im väterlichen Betrieb inzwischen fest angestellt als Werkmeister und Mechaniker. Sein Verdienst war für Zeit und Alter mehr als ordentlich. 1893 ernannte er seinen ersten Mechaniker zum Werkmeister und ging als Hospitant zur Technischen Hochschule nach Berlin-Charlottenburg. In seinen hinterlassenen Papieren finden sich folgende Notizen:

In Charlottenburg wollte ich mir Wissen und Können für meine Arbeit als Fabrikant von Geräten für flüssige und verdichtete Gase aneignen. Es kam mir vor allen Dingen darauf an, in die Grundzüge der Metallurgie, des Hüttenwesens, der Werkzeugmaschinenkunde und der Mechanik einzudringen. Trotzdem ich zu meinem Leidwesen nur zwei Semester von unserem immerhin noch kleinen Betrieb fernbleiben konnte, war die kurze Zwischenzeit doch für meine Zukunft entscheidend. Durch den persönlichen Verkehr mit den Professoren, vor allem mit Professor Dr.-Ing. Reuleaux hatte ich Zutritt zu einer ganzen Reihe von Fabriken. Dadurch wurde das, was ich in den Vorträgen lernte, lebendig. Sonderbegiete, wie z.B. die Entwicklung der Druckminderventile in der Technik oder die technische Verwertung der flüssigen und verdichteten Gase, über die kein Kolleg gehalten wurde, studierte ich in meiner freien Zeit mit Hilfe der Bibliotheken. Mitte 1894 kehrte ich nach Hause zurück.

Neben seiner Familie erwartete ihn viel Arbeit, er konnte sein neues Wissen direkt einbringen. Bernhard Dräger war der Erste, der Normen für das Anschlussgewinde der Kohlensäure-Druckminderer präsentierte. Nach einem Gutachten durch Professor Reuleaux in der »Zeitschrift der Kohlensäure-Industrie« 1895 wurden sie für den CO_2-Ventilbau verbindlich. Er konstruierte den Druckminderer »Original-Bierautomat«, der die Grundlage für alle späteren Druckminderer des Kohlensäuregebiets blieb.

Im Jahre 1895 präsentierten Vater und Sohn nach gemeinsamer Konstruktionsarbeit einen betriebssicheren Bier-Syphon, der es möglich machte, den Biergenuss vom Stammtisch in den Haushalt zu verlagern. Das Feierabendbier in den eigenen vier Wänden bekam viele Anhänger, und so lieferten die nun entstehenden Bierverlagsgesellschaften das Gerät in viele tausend Haushalte: ein Metalltönnchen, bestehend aus einer Behälterkombination für zehn Liter Bier und flüssige Kohlensäure. Diese stand unter 1 at Druck und war gesichert durch ein Druckventil mit Druckknopf für manuelle Bedienung. Auf dem Knopf eingraviert die verlockenden Worte: »Fließt lau das Bier, dann drücke hier.« Heinrich Dräger bezeichnete diesen Reim als seinen ersten dichterischen Versuch.

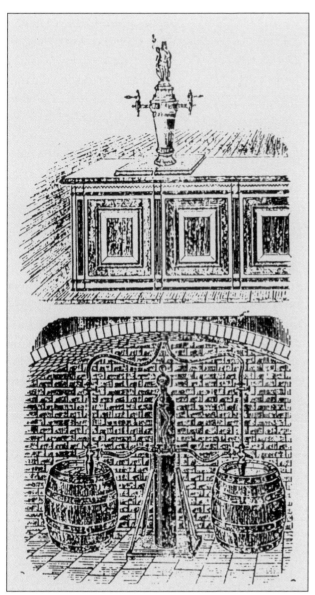

Dräger-Bierdruck-Anlage 1903 (Holzschnitt nach einer Zeichnung von Bernhard Dräger)

Beginn der Autogen- und Medizintechnik

In der Zeit von 1896 bis 1902 vollzog das Werk einen völligen Wandel seiner Fabrikationsaufgabe. Die Technik des Bierausschanks wurde abgelöst durch die Technik der autogenen Metallbearbeitung und medikamentösen Verwendung des Sauerstoffs. Hinter dieser Umstellung stand kein wirtschaftlicher Zwang. Die Firma, deren Teilhaber Bernhard Dräger 1896 geworden war, war längst konsolidiert. Der Grund für die Umstellung lag allein im Forschungsehrgeiz der Inhaber.

Die beiden Männer tüftelten nun an der Kontrolle von verdichteten Gasen aller in Stahlzylindern gespeicherten Arten: der Pressluft, des Wasserstoffs, des Azetylens, des Leuchtgases fürs Löten und Schweißen, des Sauerstoffs für die immer populärer werdende medikamentöse Verwendung der O_2-Inhalation sowie der Kohlensäure.

Entscheidend für die kommende Zeit der Erfindungen war das Erkennen der mechanischen Kraft, die sich im Verdichtungsdruck in Stahlzylindern gespeicherter Gase verbarg. Sie kannten sie aus den Armaturen ihrer Bierdruckapparate. Dort sorgte nicht nur der Aufspeicherungsdruck des Gasbehälters für ein Frischerhalten des Bieres, sondern auch das verdichtete Gas selbst.

Diese Doppelaufgabe des Gases eröffnete dem erfinderischen Gedanken ganz neuen Spielraum. Wunderbar genutzt, als Bernhard Dräger 1896 für einen zunächst nur behelfsmäßig hergestellten und im eigenen Betrieb verwendeten Leuchtgasbrenner eine neue Modifikation des Injektors, die Saug- und Druckdüse, erfand. Dem Injektor entströmte durch einen Saugkanal Druckluft unter einer Spannung von etwa 3 at. Am hinteren Teil des Brennerrohrs war ein mit der Leuchtgasleitung verbundener Schlauch angeschlossen. Unter der Blas- beziehungsweise Druckwirkung des Injektors entstand in dem hinter ihm liegenden Teil des Lötbrennerrohrs Unterdruck und somit eine Saugwirkung, die das Leuchtgas heranzog. Das in richtigem Mischverhältnis entstehende Brenngas (Luft/Leuchtgas) ergab eine ordentliche Lötflamme. Die mechanische Kraft im Hochdruck eines verdichtet aufgespeicherten Gases erfüllte so folgende Aufgaben:

Jetzt wurde erforscht, was mit gespeicherten Gasen noch möglich war. Der Injektor wurde erfunden.

1. Eine Druck- und Hubleistung. Durch ein kombiniertes Nutzbarmachen der Druck- sowie der Saugwirkung des Injektors würde in einem geschlossenen Rohrsystem die ständige Zirkulation zuströmender Gase beziehungsweise in einem geschlossenem Raum eine Luftumwälzung erreicht werden können;
2. das Heranbringen eines technisch oder medikamentös produktiven Gases und
3. durch Saugwirkung das Heranholen und Beimischen eines nützlichen Zusatzgases, zusätzlicher Dämpfe oder zusätzlicher Substanzen, die sich im Druckstrom zerstäuben und medizinisch nutzen lassen.

Neben dem Druckminderventil bildete der Injektor nun eine weitere Säule, auf die sich das System Dräger stützte. Bernhard Dräger startete den Aufbau des Sauerstoffgerätegebiets mit der Konstruktion des Druckminderventils »Oxygen-Automat« (1899). 1902 folgte der »S-Automat«. 1902 lagen den Drägerwerkstätten die Baugrundlagen für zehn Druckminderer, bestimmt für verschiedene Durchlassmengen, vor, darunter sieben Druckminderermodelle, die auch zur Entnahme von Wasserstoff benutzt werden konnten. Jedes Druckminderventil wurde mit einem »Finime-

Titelseite des Dräger-Verschlussventil-Prospektes von 1903

ter« (Druckmesser) ausgerüstet. Bernhard Dräger sagte von diesem Geräteteil:

Erst seit der Erfindung unseres kleinen Finimeters 1899 ging ein belebender Zug durch die Sauerstoffindustrie. Das Finimeter ist das Fenster eines jeden Behälters für verdichtete Gase, es ermöglicht eine Kontrolle der vorrätigen Gasmenge, eines nützlichen Zusatzgases, zusätzlicher Dämpfe oder zusätzlicher Substanzen, die sich im Druckstrom zerstäuben (vernebeln) und heilbringend verwenden lassen.

Die seit 1878 aus Stahl bestehenden Hochdruck-Vorratszylinder, deren Gasinhalt zunächst unter 100 bis 200 at, später unter 150 at Verdichtungsdruck stand, stattete er mit einem neuen, leichtgängigeren Verschlussventil aus. Innovativ war die neuartige Abdichtung der beweglichen Ventilspindel, die Gasverluste vermeiden half.

Die Dräger-Mitarbeiter waren hoch motiviert, die Anzahl der Arbeiter in den Werkstätten wuchs. Zusammen mit ihnen schuf Bernhard Dräger die Grundelemente für den systematischen Aufbau einer Gerätereihe des Sauerstoffgebietes. Man ging zur Serienfabrikation über. Die Bezeichnung »Bierdruckapparate- und Armaturenfabrik« wurde aus dem Firmennamen gestrichen. Vater und Sohn ließen 1902 folgende Bezeichnung in das Handelsregister eintragen: »Drägerwerk, Heinr. & Bernh. Dräger«.

Der Tatendrang war in jedem Winkel des Unternehmens zu spüren. Heinrich Dräger bemerkte später:

Wir haben der Zivilisation einen Dienst erwiesen, als wir eine gute technische Lösung für den Bierausschank fanden. Aber eine kulturelle Tat war das nicht. Könnte uns nicht jemand den Vorwurf machen: Sie haben das Biertrinken genussvoller gemacht, die Biernarkose gefördert, vielleicht auch den Alkoholmissbrauch? Gewiss, das könnte einer sagen. Was wir jetzt wollen, ist etwas ganz anderes. Wir wollen unsere beruflichen Fähigkeiten für eine Konstruktionsarbeit einsetzen, der eine kulturelle Bedeutung nicht abgesprochen werden kann: für ein Nutzbarmachen der Heil- und Schutzkräfte des Sauerstoffs.

Die Zeit war reif, sich einer Technik anzunehmen, die bereits hundert Jahre vorher in das Interesse der Forschung geraten, doch der inzwischen die Luft ausgegangen war: der Sauerstofftherapie. Heinrich und Bernhard Drägers Konstruktionstätigkeit wurde für die in Vergessenheit geratene Sauerstofftherapie zu einem Weckruf. Professor Dr. E. Guglielminetti, Paris/Monte Carlo, bekannt geworden durch seine Studien über die Beeinflussung des menschlichen Organismus durch Sauerstoffmangel, stand den beiden zur Seite:

Es beginnt nun auch hier ein neuer Wind zu wehen. Die alten Lehren der Sättigungstheorie des Hämoglobins und die scheinbar so einfachen Vorgänge des Sauerstoffaustausches zwischen Blut und Lungenluft ei-

nerseits, Blut und Gewebe andererseits, zeigen bei genauerer Untersuchung derartige Abweichungen von dem, was man nach den jetzigen Kenntnissen von der Dissociation des Oxyhämoglobins erwarten sollte, so dass hier offenbar noch manche der Aufklärung bedürftige Fragen vorliegen.

Sauerstoff, die Grundsubstanz der beiden Erfinder, sollte nun medizinisch genutzt werden. Die Geburtsstunde der Medizintechnik.

Neben Guglielminetti konnten die Drägers weitere Fachkräfte für ihr Projekt begeistern. Ständiger Berater des Werkes auf dem Gebiet der medizinischen Geräte wurde der Gründer der Sauerstoffzentrale für Medizinische Zwecke in Berlin, der Apotheker Dr. Ernst Stillen. Es gelang ein wissenschaftlicher Durchbruch:
- Heilwirkungen durch inhalatorische Anwendung reinen Sauerstoffs
- Heilungsunterstützung durch Zusatzmedikamente per Injektorstrom
- Chloroformzerstäubung im Injektordruckstrom

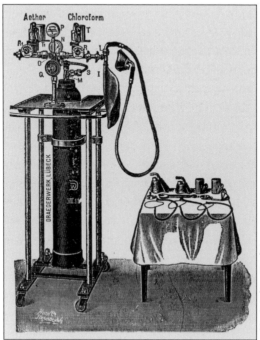

Narkose-Apparat für Chloroform nach Prof. Dr. Roth; für Äther nach Prof. Dr. Krönig; Bauart nach System Dräger

- Weiterführen des Chloroformnebels oder des Ätherdampfes im Sauerstoffeinatemstrom zu den Atemorganen des Patienten.
- Chloroformnarkose ohne Zufälligkeiten (nicht nur für den Arzt eine Erleichterung).
- Verbindung der Inhalationsnarkose mit Überdruckoperation nach Brauer[1]

Abgerundet wurde das erfolgversprechende Konstruktionsprogramm durch ein Nutzbarmachen der Injektorwirkung und des Sauerstoffs für den Atemschutz in giftigen Gasen sowie die noch in ihren Anfängen stehende Wiederbelebungstechnik.

Im Jahr 1904 wussten Heinrich und Bernhard Dräger: Ihre Arbeit stand auf wissenschaftlichem Fundament. Die physiologischen Voraussetzungen der medikamentösen Verwendung des reinen Sauerstoffs waren im eigenen Laboratorium nachgeprüft und das richtige Mengenverhältnis des zu dosierenden Sauerstoffs und der zu vernebelnden Medikamente gefunden.

Mit dem Sauerstoff konnten gleichzeitig Medikamente zugeführt werden.

Vor dem tatsächlichen wirtschaftlichen Erfolg standen allerdings noch ein paar Hürden. Heinrich und Bernhard Dräger hatten zunächst einen ihre Erfinderarbeit schützenden Wall von eigenen deutschen und ausländischen Patenten aufzubauen. Als sogenannte Selbstfinder waren sie nun geschützt gegen hohe Lizenzzahlungen. So konnten sie den laufenden Versuchsarbeiten alle freiwerdenden Geldmittel zuführen und die Abhängigkeit von Banken auf ein Minimum reduzieren. Einer der wichtigsten Gründe für die spätere wirtschaftliche Kraft des Werks war die so relativ schnell geschaffene Möglichkeit, nicht nur die Konstruktion, sondern die gesamte Fabrikation im eigenen Hause zu halten. Um die Kosten und somit die Verkaufspreise niedrig zu halten, verkaufte man die Geräte direkt ab Werk ohne irgendeinen Zwischenhandel. Später, um 1905, begann man mit den Eröffnungen von Drägerwerk-Vertretungen in Europa und der Welt.

---

[1] Erfinder eines Verfahrens zum Geblähterhalten der Lunge bei Operationen in der Brusthöhle

Das Drägerwerk 1898 (nach einer Handzeichnung von Bernhard Dräger)

Die Betriebsräume in der Moislinger Allee 66 waren längst zu klein für die Menge der zu erledigenden Arbeiten. 1897/98 kauften Heinrich und Bernhard Dräger die dem Werk gegenüberliegenden Gärtnereigrundstücke. Dort entstand nach den Plänen der Werkherren ein Fabrikbau aktuellester Architektur mit stark vergrößertem Maschinenpark, modernst ausgerüsteten Mechanikerwerkstätten und einem Werklaboratorium.

Die alten Gärtnereianlagen blieben erhalten, Tony Dräger und ihre Schwiegertochter Elfriede waren begeistert, ihren grünen Daumen ausleben zu können. Und so erblühten neben dem Werk auch die Gärten. Das Drägerwerk – damals noch im Vorland der Stadt – war für die Lübecker schnell die »Fabrik in Gärten«. Es lag auf der höchsten Erhebung des Finkenbergs, eines Talrückens an der Trave, weitab vom Lärm der Stadt.

Das Grubenunglück in Courriéres

Zwanzig Minuten nach Mitternacht des 28. März 1906 rasselte das Ferntelefon. Es brachte eine Sondermeldung des Wolffschen Telegraphenbüro aus Paris:

Der in Lens anwesende Berichterstatter der Pariser Zeitung »Le Journal« meldet: Die in den Gruben Courriéres an den Rettungsarbeiten beteiligten Feuerwehrleute aus Paris sind mit den Rettungsapparaten Gugliel-Dräger ausgerüstet; die Apparate tun Wunder.

Ich habe mich sehr beeilt, Heinrich Dräger über diese Nachricht zu informieren. Denn seit Tagen berichteten die Zeitungen in aller Welt über das schwere Grubenunglück auf den Schachtanlagen Courriéres bei Billy-Montigny im nordfranzösischen Kohlenbecken Pas de Calais. Von 1.800 eingefahrenen Bergleuten hatten sich bis zum Abend des 12. März lediglich 661 Mann retten können, 1.139 Mann waren tot oder lebendig in der Grube eingeschlossen.

Bereits am 9. März war im Cecile-Flöz des Schachtes III ein Streckenbrand ausgebrochen. Grund war vermutlich das fahrlässige

Bergung der Opfer des Grubenunglücks; Titelblatt »Le Petit Journal« vom 23. März 1906

Aufhängen einer offenen Lampe an einem Stempel[1]. Das Feuer wurde durch Abdämmen des Brandherdes erstickt.

In der Nacht zum Samstag, den 10. März, gegen vier Uhr, wurden die Branddämme durch Oberingenieur Petitjean geprüft und abgenommen. Durch Schacht III fuhr er wieder aus. Gegen sieben Uhr dann erschütterte eine ungeheure Explosion die Grube. Man versuchte sofort, durch das Fahrtrum[2] in Schacht III einzufahren, doch die Fahrten waren völlig zerstört. Ein Einfahrtsversuch aus der Schale gelang nur bis zur Tiefe von 160 Meter. Von dort abwärts waren auch die Fördertrume zerstört. Man wich auf die Schächte II, IV und X aus, aber auch hier zeigten sich bereits nach wenigen hundert Metern schwerste Zerstörungen. Die Auswirkungen der Explosion erstreckten sich auf das gesamte Südfeld in einer Länge von fast fünf Kilometern und mehr als 1,5 Kilometern Breite.

Der internationale Bergbau war von einem Schlagwetterunglück getroffen worden, dessen Schäden alles bisher Dagewesene übertrafen. Die furchtbaren Zerstörungen stellten die Rettungsmannschaften vor schier unüberwindliche Hürden. Nach der Bergung von 90 Toten aus den Schächten II, IV und X bis zum Abend des 12. März war jedes weitere Vordringen ohne Gasschutzgeräte unmöglich.

Am Sonntag, dem 11. März 1906, übermittelte der Geschäftsführer des Bergbaulichen Vereins im Oberbergamtsbezirk Dortmund, Bergmeister Engel, der Bergwerksgesellschaft Courriéres das Beileid des rheinisch-westfälischen Bergbaues. Sein Telegramm endete mit:

> ...nous sommes volontiers á votre disposition si besoin en est avec appareils et troupes de sauvetage. ...wir stehen, wenn Sie unserer bedürfen, freiwillig zur Verfügung mit Apparaten und Rettungsmannschaften.

---

[1] senkrechter Stützbalken
[2] Trum: vertikale Abteilung eines Schachtes

Diese Zusage war abgestimmt mit Georg Albrecht Meyer, dem Direktor der Zeche Shamrock in Herne. Der von ihm gegründete Rettungstrupp wartete auf den Befehl zur Abreise. Noch am selben Abend kam die telegrafische Antwort des Generaldirektor Mercier von der Bergwerksgesellschaft Béthune:

Gruben Courriéres danken für Beileid. Nehmen den Vorschlag, Rettungsmannschaft zu entsenden, mit Dank an.

Um 23:11 Uhr startete Bergwerkdirektor Meyer mit seiner Hibernia-Truppe (dreizehn Beamte und Bergleute) Richtung Frankreich. In Gelsenkirchen stieß der Rettungstrupp Rheinelbe (fünf Feuerwehrleute), geführt von Brandinspektor Hugo Koch, dazu. Am folgenden Mittag gegen 14 Uhr trafen die Deutschen auf der Zielstation Billy-Montigny ein.

Die Arbeit musste sofort beginnen. Die deutschen Rettungsleute waren ausgerüstet mit dem Gasschutzgerätetyp »Shamrock« (Konstrukteur G. A. Meyer). Die Feuerwehrleute aus Paris trugen den Gasschutzgerätetyp »Guglielminetti-Draeger (1904/09)«, konstruiert von Bernhard Dräger. Professor Dr. med. Guglielminetti, mit dem Bernhard Dräger inzwischen eng befreundet war, hatte an den physiologischen Grundlagen des Gerätetyps mitgearbeitet.

Am 27. März 1906 konnten die deutschen Rettungsmannschaften Courriéres wieder verlassen.

Am 10. Juli 1906 fasste Ingenieur Weiß von der französischen bergbaulichen Aufsichtsbehörde in einer Sitzung des Pariser Bezirks der Société de l'Industrie Minérale die deutsche Rettungshilfe in folgender Erklärung zusammen:

Tatsächlich haben wir mit den deutschen Apparaten im Laufe der späteren Arbeiten niemand retten können, aber ich wiederhole es, sie waren uns von großem moralischen Nutzen. Sie haben uns Vertrauen eingeflößt. Sie haben uns gestattet, Erkundungen vorzunehmen, die wir ohne Apparate nicht ausgeführt hätten. Nach diesen ersten Erkundungen hat man mit der Bekämpfung des Feuers begonnen. Dabei handel-

Gasschutzgerätetyp »Guglielminetti-Draeger (1904/09)« im Einsatz in Courrieres.

Von 1.139 Bergleuten überlebten nur 14. So etwas durfte sich nicht wiederholen.

ten die Deutschen wieder ganz uneigennützig, und wir können nur Lobendes von ihnen sagen.

Gleich zu Anfang waren die Pariser Feuerwehrleute eingetroffen. Wenn wir ihre Mitarbeit nicht gleich vom ersten Tag an in Anspruch nahmen, so lag es daran, dass sie die Grube nicht so gut kannten wie die Deutschen. Sobald man Zeit gefunden hatte, ihnen zu zeigen, wie es mit einer Grube bestellt ist, haben sie sich mit einer Aufopferung an die Arbeit gemacht, die nicht genug anerkannt werden kann.

Bis Ende März war es gelungen, 14 Bergmänner lebend aus ihrem unterirdischen Gefängnis zu befreien. Der letzte Überlebende konnte nach 25 Tagen gerettet werden. Ernährt hatten sich die Männer von den Hafer- und Häckselvorräten in den Pferdeställen, vom Fleisch verendeter Grubenpferde, vom Wasser in der Seige[1] und ihrem eigenen Urin. Die Bilanz des Unglücks lautete: Von 1.139 eingeschlossenen Bergleuten überlebten 14 Mann. Die Welt war erschüttert.

Courriéres 1906: Französische Grubenrettungsleute mit Sauerstoff-Gasschutzgeräten vom Typ »Guglielminetti-Draeger«.

Ich ließ mich also mit Heinrich Drägers Privatwohnung verbinden. Der alte Herr nahm persönlich ab. Die Meldung wühlte ihn sehr auf. Das auf Courriéres verwendete Gasschutzgerät-Modell Guglielminetti-Dräger, so erklärte er mir, sei eine erst zwei Jahre alte Konstruktion seines Sohnes Bernhard.

Ich bat ihn, mir das Gerät und seinen Gebrauch zu zeigen. Wir verabredeten uns für den nächsten Tag. Heinrich Dräger stellte mich seinem Sohn vor.

»Das ist Wilhelm Haase-Lampe. Er will etwas über die Courriéres-Apparate von dir hören.«

Bernhard Dräger bat mich, ihm zu folgen. Wir betraten ein Versuchslabor. Dort erwarteten uns ein Ingenieur und ein Mechaniker. Wenige Minuten später war ich – pointierter: meine Atemorgane – von der Außenluft abgeschlossen. Eine erschreckende Vorstellung, doch trug ich glücklicherweise eines der Sauerstoff-Gasschutzgeräte, wie in Courriéres zum Einsatz gekommen waren. Bei ei-

---

[1] Entwässerungsrinne

nem Gewicht von 18 Kilogramm hatte das Gerät einen Sauerstoffvorrat (verdichtet, gespeichert in zwei kleinen Stahlzylindern) von 300 Litern, man hätte mich also gut und gerne zwei Stunden in giftigen Gasen zurücklassen können, ohne irgendwelche gesundheitlichen Beeinträchtigungen befürchten zu müssen.

Dank eines kleinen Fensters an meinem Schutzhelm verpasste ich nicht, was um mich herum passierte. Der unter hörbarem Blasdruck in den Helm strömende Sauerstoff wurde aus dem Helmraum eingeatmet. Die Atmung war ebenso einfach wie draußen im Freien. Die Ausatemluft wurde aus dem Helmraum abgesaugt, in

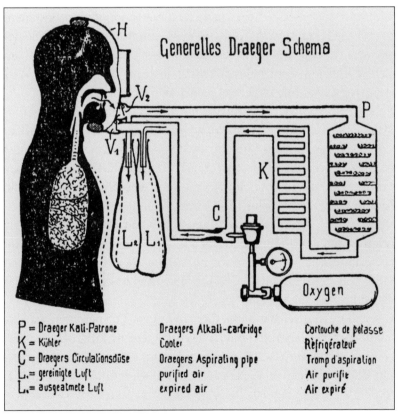

Wirkungsweise der Sauerstoff-Gasschutzgeräte des Systems »Draeger« mit Injektorantrieb der Luftzirkulation

zwei Chemikalpatronen von der Ausatemkohlensäure befreit und durch reinen Sauerstoff wieder aufgefrischt. Ein Injektor (Saug- und Druckdüse) wirkte als Antriebsmotor für die Luftzirkulation im Gerät.

Da ich geübter Rucksackwanderer war, beeinträchtigten mich die 18 Kilo Apparat, verteilt auf Brust und Rücken, nicht sonderlich. So ausgerüstet, spazierte Bernhard Dräger mit mir quer durch die Werkstätten, über die Flure und über Treppen. Er studierte meinen Atemzyklus und korrigierte ihn: tief einatmen, voll ausatmen. Atemkrisen, wie sie nach schnellem Treppensteigen auftreten, sollte ich überwinden, ohne das Tempo groß zu verlangsamen. Ich musste ziegelbeladene Schubkarren schieben, Leitern erklettern, und nach Ablauf der ersten Übungsstunde ging es für mich statt in die Kantine in eine Gaszelle, die mit Schwefeldämpfen und mit von Brandgasen schwelender Putzwolle angefüllt war. So erlebte ich einen experimentell hergerichteten Ernstfall. Die Wirkungsweise des Schutzgerätes war mir nun klar. Ebenso die Notwendigkeit, so viele Rettungstrupps wie möglich damit auszurüsten, um selbst in nicht atembarer Umgebungsluft ihre Arbeit leisten zu können.

Am 3. April 1906 informierte mich Bernhard Dräger darüber, er werde persönlich mit seiner Frau nach Courriéres reisen, um die Funktion der Geräte bei ihrem Einsatz für die in großem Ausmaß begonnenen Gewältigungsarbeiten[1] vor Ort zu überprüfen.

Die deutschen Rettungstrupps von den Gruben Shamrock, Herne und Rheinelbe, Gelsenkirchen trugen das aus einem älteren Sauerstoff-Gasschutzgerät (Shamrock 1902/3) entwickelte Gerät Westfalia 1906. Hergestellt wurde es von der Armaturen- und Maschinenfabrik A.G. Westfalia, Gelsenkirchen, in Interessengemeinschaft mit der Sauerstoff-Fabrik Berlin, Geburtsstätte des Vorgängermodells Shamrock 1902/3. Beide Geräte entstanden unter maßgeblicher technischer Mitarbeit von Bergwerkdirektor Georg Al-

---

[1] eingestürzte oder mit Wasser gefüllte Grubenbauten wieder zugänglich machen

brecht Meyer, dem Leiter der deutschen Rettungstrupps in Courriéres.

Das Gerätemodell Guglielminetti-Dräger wurde im ersten Courriéres-Einsatz nur von den Mannschaften der Berufsfeuerwehr Paris verwendet. Dort war man bereits seit 1905 mit diesem Modell ausgerüstet. Nach Bewährung des Geräts auch unter derart extremen Bedingungen veranlasste die Courriéres-Gesellschaft eine größere Nachlieferung dieser Atemschutzausrüstung. Eine Nachlieferung des Westfalia-Geräts wurde nicht gefordert.

Nun setzte der Wettstreit um die beste technische Lösung ein.

Die Presse, oft zunächst ablehnend gegenüber jeglichen technischen Innovationen, nahm die prompt folgenden Erklärungen der Maschinenfabrik Westfalia gerne auf. Bernhard Dräger ließ die Angriffe auf seine Konstruktionen vorerst unkommentiert. Als sich jedoch zwischen ihm und G. A. Meyer, den er als Konstrukteur sehr schätzte, persönliche Auseinandersetzungen zu entwickeln drohten und der Vorwurf einer Beeinflussung der französischen Stellen fiel, ging er in die Offensive: Er fuhr nach Courriéres.

Er musste sich beeilen. Eine schnelle Klärung der Sachlage war wichtig, da nach dem Schock von Courriéres die Verantwortlichen der Bergbaugebiete zusammenkamen, um eine neue Organisation des bergmännischen Rettungswerks aufzubauen. Das Fundament des neuen Systems sollte der bergmännische Gasschutz bilden. Nur das beste Sauerstoff-Gasschutzgerät hatte eine Chance.

Am 17. April 1906 gab mir Heinrich Dräger die Aufzeichnungen seines Sohnes, geschrieben drei Tage zuvor im Grand Hotel Paris:

Um die vielen Zeitungsberichte, die seit der Katastrophe bei Courriéres über die Tätigkeit der Rettungsapparate, besonders in deutschen und englischen Zeitungen, erschienen sind, auf ihre Richtigkeit zu überprüfen, reiste ich am Freitag, dem 6. April, zum Grubenrevier von Courriéres. Ebenso wie meine Frau, die mich begleitete, stellte ich an Ort und Stelle in Billy-Montigny fest, dass bei Beginn der Katastrophe bis zum Tag meiner Abreise (13. April) mit Dräger-Rettungsapparaten ständig und mit Erfolg gearbeitet worden ist. Die betreffende Mannschaft ist einem Ingenieur mit Offiziersrang unterstellt. Da den französischen Offizieren durch Reglement verboten wird, über die Wirk-

samkeit der von ihnen benutzten Einrichtungen Mitteilungen an die Öffentlichkeit gelangen zu lassen, ist über die Tätigkeit von Dräger-Rettungsarbeiten so gut wie nichts bekannt geworden. Nur einmal hat ein Mann der Mannschaft sich gegenüber einem Berichterstatter des Le Journal (vom 23. März 1906, Seite 4) geäußert, wofür er, wie wir in Lens erfuhren, bestraft worden ist.

Die Tätigkeit unserer Rettungsapparate in den Minen ist allen Ingenieuren und Leuten wohl bekannt, und jeder, den man darüber befragt, gibt in diesem Sinne Auskunft. Wir selbst sahen während unserer Anwesenheit Leute mit unseren Apparaten aus der Grube kommen und andere wieder zur Einfahrt gehen. Bei einer Einfahrt, die ich am Mittwoch, dem 11. April, unternahm, um die Art der Feuerbekämpfung kennen zu lernen, fand ich Dräger-Apparate unten vor. Ich teile ferner mit, dass auch nach dem 13. April in den Gruben von Courriéres für Arbeiten aller Art von Dräger-Rettungsapparaten Gebrauch gemacht worden ist.

Die Erfahrungen, die Bernhard Dräger während seines Untertageaufenthalts auf Schacht II in Courriéres machen konnte, führten zu einer Reihe von Zusatzerfindungen, die das gesamte Rettungswesen voranbrachten. Seine Beziehungen zu Bergwerkdirektor G. A. Meyer entspannten sich. Bernhard Dräger brachte ihm großen Respekt entgegen und sprach von ihm als dem »Vater des Grubenrettungswesens von internationaler Geltung«.

Während Bernhard Dräger, begleitet von einem Rettungstrupp, auf Schacht II in Courriéres den Funktionsbereich seiner eigenen Geräte bei einer Befahrung des noch nicht abgelöschten Brandfeldes erprobte, saß auf der Hängebank[1] des Schachtes eine junge Frau, die aufgeregt den Untertageweg ihres Mannes verfolgte. Elfriede Dräger notierte später:

Der Name Courriéres weckt bei mir lebhaft die Erinnerung an die Reise, die ich im April 1906 mit meinem Mann aus Anlass der Grubenkatastrophe nach Lens machte. Durch unser Verbundensein mit der Ret-

---

[1] Schachtausgang

tungsmannschaft fühlten wir uns durch die Katastrophe in Courriéres besonders schmerzlich berührt.

Wir waren im Drägerwerk gerade mit Verbesserungen an Rettungsgeräten beschäftigt, es handelte sich besonders um Verbesserungen an Kalipatronen. Diese soeben fertig gewordenen und in vielen Versuchen erprobten Geräte wünschte mein Mann, den Rettern in Courriéres zugänglich zu machen.

Nachdem sich herausstellte, dass es hier leider nicht mehr um die Rettung von Menschenleben ging, bedeutete doch jede Verbesserung der Geräte eine Entlastung für unsere Verantwortung und für die Retter, denen die schwere Arbeit oblag, tote Kameraden zu bergen und Gewältigungsarbeiten auszuführen. Es war das Gebot der Stunde, hier zu helfen. Die Apparate wurden verpackt und als Passagiergut mitgenommen. Nach schneller Erledigung der Pass- und Zollformalitäten konnten wir die Reise antreten. Die kleine Stadt Lens war Mittelpunkt des Grubengebiets, sie war unser Ziel. Wir kamen in der Abenddämmerung dort an. Auf den Wegen durch die stillen, düster und einförmig aussehenden Straßen begegneten uns immer wieder Frauen in Trauerkleidung, einzeln und in Gruppen. Auf dieser kleinen Provinzstadt lastete der Druck des Unglücks mit ganzer Schwere. Die Stille wurde plötzlich durch einen grellen Missklang unterbrochen. Wir sahen, wie sich ein großer Trupp – aufreizende Lieder singend, von Trommlern und Pfeifern begleitet – durch die Stadt bewegte mit dem fortwährend schrillen Ruf »Vive la gréve – vive la gréve![1]« Dem Zug voran schritt eine große, üppige Frau, eine rote Fahne schwingend.

Das ganze Gebiet um Lens befand sich in großer Aufruhr, da die Bevölkerung glaubte, ungenügende und nicht korrekt beaufsichtigte Sicherheitsmaßnahmen in den Gruben seien die Ursache für die Katastrophe. Aufrührerische Elemente hatten zum Streik gehetzt, wiegelten die Massen immer wieder von neuem auf, und sie versuchten mit Gewalt, die willigen Bergleute am Einfahren zu hindern. Die Eingänge zu den einzelnen Schachtanlagen waren deshalb mit Eisentoren verschlossen, um die drängende Masse, die zu jeder Verzweiflungstat fähig war, von den Betrieben fernzuhalten. Die Tore waren mit Militär

---

[1] Es lebe der Streik!

besetzt, und nur die mit einem vom Platzkommandanten ausgestellten Ausweis Versehenen wurden eingelassen.

Am Tag nach unserer Ankunft fuhren wir über Billy-Montigny zu den Schachtanlagen. Auf dieser kurzen Fahrt sahen wir fast nur schwarz gekleidete Gestalten, ein endloser Zug von Trauernden. Aber noch erschütternder war der Eindruck auf der Grube selbst, wo die Särge in langen Reihen standen und wo verzweifelte Frauen auf Auskunft und Nachricht warteten, weil sie das Schlimmste immer noch nicht glauben wollten.

Am Bahnhof wurden wir von zwei Soldaten abgeholt, sie führten uns aufgrund unserer Ausweise zur Zeche. Hier sahen wir die Pariser Pompiers in voller Tätigkeit, ausgerüstet mit Dräger-Geräten. Wie es der Dienst forderte, kamen und gingen die Mannschaften von und zur Hängebank. Der Capitaine gab uns unaufgefordert eine günstige Auskunft über die mit den Geräten geleistete Arbeit. Das bedeutete für meinen Mann eine wirkliche Freude. Dann wendeten wir uns zum Bureau des Chefingenieurs Mr. Domézon. Die leitenden Direktoren und Ingenieure, die sehr beschäftigt und überanstrengt waren, mussten erst nach und nach für unsere Angelegenheit gewonnen werden. Als sie aber die Tragweite der Verbesserungen unserer Kalipatronen und damit der Geräte erkannten und sahen, die mitgebrachten Apparate könnten beim Fortschreiten der Gewältigungsarbeiten von Nutzen sein, wurden schon für den Nachmittag und für die folgenden Tage praktische Versuche, eine Grubenfahrt und eine Übungsreihe über Tage vereinbart. Die Versuche und Übungen mit den mitgebrachten neuen Drägergeräten erstreckten sich über mehrere Stunden, sie mussten auf Wunsch der französischen Grubeningenieure wiederholt werden.

Nachdem mein Mann die gewünschten Erklärungen über die Funktion der Geräte gegeben hatte, ging er als Erster mit einem Apparat in die mit dichtem Schwefeldampf angefüllte Rauchkammer. Er zeigte bis zum Schluss der Übung durch eigene Arbeit an der Arbeitsmessmaschine und dann durch Laufübungen im Freien die mit den Geräten möglichen Arbeitsleistungen. Mit den französischen Bergarbeitern, die durch ihre anschaulichen Schilderungen des Unglücks die uns bis dahin bekannten Tatsachen ergänzten, kamen wir bald durch häufigere Unterhaltungen in nähere Berührung. Da war kaum einer, der keine

Angehörigen verloren hatte, und auf allen lastete schwer der Gedanke an die Zukunft, an die Versorgung der vielen Witwen und Waisen. Aber alle standen unter dem Eindruck der großen kameradschaftlichen Hilfsbereitschaft der deutschen Rettungsleute.

Bei einer Grubenfahrt am nächsten Tag versuchte mein Mann, so nahe wie möglich an den Brandherd heranzukommen, mit dessen Abdämmung die Rettungsmannschaften, französische und deutsche, beschäftigt waren. Hier sah er unsere Apparate bei den Pariser Pompiers in Tätigkeit. Er wurde von zwei französischen Bergleuten begleitet, die ihn gewissenhaft auf alle Schwierigkeiten in der Strecke aufmerksam machten und unermüdlich sagten: »Un trou, monsieur! Attention monsieur!¹«

Nach einigen Tagen konnte mein Mann seine Mission als abgeschlossen betrachten und die Rückreise antreten. Mit freundlichen Dankesworten verabschiedeten sich die französischen Ingenieure von uns, und die Arbeiter, die an den Übungen und Versuchen teilgenommen hatten, begleiteten uns zur Bahn. Nie ist mir die Verbundenheit der Völker durch Rettungsarbeit so stark zum Erlebnis geworden wie durch die Tage in Courriéres.

Wie tief der Schreck über die Katastrophe von Courriéres in die Bergbaureviere drang, zeigt sehr eindrucksvoll der Maßnahmenkatalog, der kurz darauf von der Deutschen Knappschafts-Berufsgenossenschaft verabschiedet wurde und folgende Aktionen nach sich zog:
- 15. Juni 1906: Sektion IV (Oberschlesien) gibt Projekt einer Zentralrettungsstelle in Auftrag
- 26. Juni 1906: Genossenschaftsvorstand plant und organisiert Zentralrettungsstellen in Westfalen, Oberschlesien und Sachsen
- 22. September 1906: Beschluss des Genossenschaftsvorstands: Schnelles Handeln auf dem Gebiet des Grubenrettungswesens, ohne erst Vorschriften der Bergbehörde abzuwarten

---

[1] Ein Loch, mein Herr! Vorsicht, mein Herr!

- 1. Dezember 1906: Sektion VII (Zwickau) beschließt Errichtung zweier Unfallhilfsstellen. Aufnahme von 30.000,- Mark zur Kostendeckung
- 1906: Sektion III (Clausthal am Harz) beschließt Organisation einer Zentralhilfsstelle
- 19. Februar 1907: Sektion V (Waldenburg) beschließt Organisation einer Zentralhilfsstelle
- 4. April 1907: Sektion VI (Oberschlesien) verabschiedet Gründung einer Zentralhilfsstelle und Aufwendungen hierfür von 72.350,- Mark
- 7. Juni 1907: Sektion IV (Halle/Saale) beschließt Errichtung einer Zentralrettungsstelle und genehmigt entstehende Kosten

Die Katastrophe von Courriéres wurde zur Initialzündung für das Rettungswesen.

Das deutsche Bergbauwesen zog an einem Strang, die Pläne glichen sich in allen Revieren. Der Aufbau des Grubenrettungswesens wurde 1906/07 als großes Ziel erklärt und schnell und unbürokratisch umgesetzt. Eine ähnliche Entwicklung vollzog sich in England, Frankreich, Belgien, Österreich (dort existierte bereits eine höhere Organisationsform des Rettungswesens), Russland und ab 1907 in den Vereinigten Staaten von Nordamerika, in Kanada, Mexiko und Australien.

Im Jahr 1909 war die erste Phase des Aufbaus einer Rettungsorganisation national wie international abgeschlossen. Bis dahin hatte Bernhard Dräger fast 7.000 Sauerstoff-Gasschutzgeräte vom Typ »Modell 1904/09« in die Bergbaugebiete der Erde geschickt. Die ungeheure Verantwortung für den Atemschutz von mehr als 40.000 einsatzbereiten Rettungsleuten lag auf seinen Schultern.

Folgende Widmung an die deutschen Rettungsmannschaften veröffentlichte Jean Jaurès[1] in der »l'Humanité[2]« vom 14. März 1906:

---

[1] 1859-1914, französischer Politiker, Verfechter des Reformsozialismus auf humanistisch-pazifistischer Grundlage
[2] sozialistische Zeitung Frankreichs, ehem. Parteizeitung

Nach der Konferenz von Algeciras blieben einige Schwierigkeiten bestehen, und die Pessimisten fragten sich von neuem, ob durch sie nicht ein Konflikt wieder aufleben könnte. Während nun günstige und unruhige Aussichten miteinander abwechselten, setzte eine furchtbare Katastrophe das französische Bergbaugebiet in Trauer. Zwölfhundert Bergleute, alles Familienväter, die ganze männliche Jugend Courriéres, kam in den Feuern einer glühenden Grube um. Wie sollen wir diejenigen retten, die vielleicht fern in einer Grubenstrecke dem Unglück entronnen sind? Wie sollen wir die verkohlten Leichname zur Oberfläche bringen, damit die Familien diese schrecklichen Überreste identifizieren und ihnen einen letzten Gruß sagen können? Eine bangende Menge drängt sich um die Ausgänge der Gruben. Frauen, Männer, Kinder erwarten ungeduldig die Nachricht über den Verlauf der Rettungsarbeiten. Aber die Grube ist zusammengestürzt, die Einstürze und das Feuer setzten den Bergungsarbeiten Hindernisse entgegen, und je mehr Stunden verstreichen, desto weniger Chancen bestehen, Lebende zu bergen.

Plötzlich kommen Leute an. Sie kommen aus Deutschland, sie kommen von den westfälischen Gruben. Es ist eine Rettungsmannschaft, die für diese düstere Arbeit ausgebildet und ausgerüstet ist. Sie hat von dem Unglück der französischen Bergleute erfahren und eilt herbei, um bei der Rettung zu helfen. Was gelten ihre Methoden? Was sind ihre Apparate wert? Ich weiß es nicht, die Techniker werden es ohne Zweifel sagen, wenn die Kaltblütigkeit zurückgekehrt ist. Aber das ist sicher: Die deutschen Bergleute sind in die brennende und stinkende Grube hinabgefahren. Sie haben die Leichname herausgebracht. Sie haben ein neues Band der Zusammengehörigkeit zwischen den französischen und deutschen Arbeitern geknüpft. Und jetzt mögen die Regierungen versuchen, die Bergleute aus Westfalen und die Bergleute aus Pas de Calais gegeneinander auszuspielen. Sie mögen versuchen, diesen brüderlichen Bund und den Schmerz, der ihn einigt, zu zerbrechen. Diese Leute wollen ihr Leben füreinander hingeben, sie sind bereit, sich füreinander zu opfern. Auf die Trauer dieser französischen Bergleute, auf die Ehre dieser Katastrophe ist die erhabene Hoffnung von der weltumfassenden Solidarität gebaut. Welche verbrecherische Hand wagt es, diesen großen Traum zu zerstören?

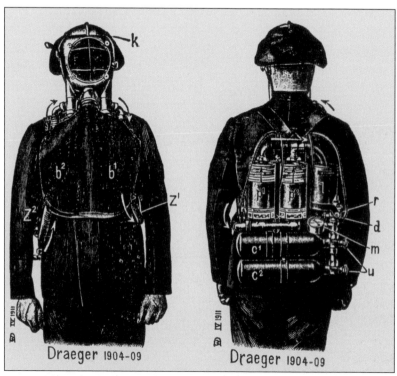

Sauerstoff-Gasschutzgerät »Dräeger 1904/09«
k=Rauchhelm; b^1 = Ausatembeutel; b^2=Einatembeutel (beide unter Lederschurz); p=Alkalipatronen; C=Sauerstoff-Stahlzylinder (Füllungsdruck 150 at, Sauerstoffvorrat 300 Liter insgesamt); u=Verschlussventil der Sauerstoffzylinder; d=Injektor; r=Druckminderventil; m=Druckmesser (Finimeter); l=Kühler; Z^1=Zirkulationsschlauch Ausatemluft; Z^2=Zirkulationsschlauch Einatemluft

Weiterentwicklung der Dräger-Gasschutzgeräte

Ein Sauerstoff-Atemschutzgerät soll die Atemorgane des Trägers von der unatembaren Umluft abschließen und seine Versorgung mit Atemluft für mehrere Stunden garantieren. In dem Gerät wird die Ausatemluft des Geräteträgers zunächst durch ein System kurzer Zirkulationswege zu einer Alkalipatrone geleitet. Dort wird die Ausatemluft in einem chemischen Reinigungsprozess von Ausatemkohlensäure befreit und in einen Atembeutel gedrückt. Die gereinigte Luft strömt nun in den Einatemweg, wird hier mit reinem Sauerstoff aufgefrischt und kann somit vom Geräteträger wieder aufgenommen werden. Verbunden ist er ist mit dem Gerät wahlweise durch Helm, Atemmaske, Halbmaske oder Atemmundstück.

Der Antrieb des beschriebenen Kreislaufs geschieht entweder durch Lungenkraft (drücken der Ausatmung, saugen der Einatmung) oder eine Saug- und Druckdüse (Injektor). Die Sauerstoffdosierung ist fest eingestellt auf 1,5, 2 oder 2,3 Liter pro Minute – in einem kontinuierlichen Strom. Die neuesten Gerätekonstruktionen verfügen zudem über eine manuell zu bedienende oder automatisch durch Lungenkraft erreichte Sauerstoff-Zusatzdosierung.

Sehr wichtig für den sich bei anstrengender Arbeit auf durchschnittlich drei bis vier Liter pro Minute steigernden Sauerstoffbedarf. Die Konstruktion beanspruchte eine fast hundertjährige Entwicklungsarbeit in – chronologisch gereiht – Deutschland, Belgien, Frankreich, England, Österreich, den Vereinigten Staaten von Nordamerika, Russland und Polen.

Im Frühjahr 1895 war Bernhard Dräger mit Dr. Th. Elkan, Chef der Sauerstoff-Fabrik Berlin, in Lübeck zusammengetroffen. Er präsentierte dem Berliner sein Druckminderventil für verdichteten Sauerstoff, stieß allerdings auf wenig Euphorie. Dr. Elkan vertrieb zu der Zeit das von dem Feuerwehrkommandanten Rudolf Horner in Basel erfundene Sauerstoff-Gasschutzgerät »Horner 1895« ohne Regeneration, das Bernhard Dräger während eines Gegenbesuches in Berlin kennen lernte – ein Schlüsselmoment für sein Interesse an der Forschung auf dem Gebiet des Sauerstoff-Atemschutzes. 1901 vereinigten sich die Firmen Dräger und die Sauerstoff-Fabrik Berlin zu einer Interessengemeinschaft.

Ende 1900 lernte Bernhard Dräger den Branddirektor Erich Giersberg, Kommandant der Berliner Berufsfeuerwehr, kennen, der ein Jahr zuvor ein eigenes Sauerstoff-Gasschutzgerät mit der Sauerstoff-Fabrik Berlin entwickelt hatte. Das Gerät blieb ein Entwurf. Die Ein- und Ausatemwiderstände erwiesen sich für den Lungenkraftantrieb des Luftkreislaufes als zu hoch. Die Weiterentwicklung dieses Entwurfgerätes »Giersberg 1899« übernahm Bernhard Dräger in gemeinsamer Konstruktionsarbeit mit Giersberg. Er war es, der den Vorschlag in den Raum warf, den Lungenkraftantrieb im Gerät durch Injektorantrieb abzulösen. So könne die Atmung trotz der eng gebliebenen Querschnitte der Kreislaufwege ebenso entspannt erfolgen wie in atmosphärischer Freiluft. Von einer systematischen Erweiterung der Kreislaufwege war indes noch keine Rede. Bernhard Dräger griff den Gedanken sofort auf. Der von ihm daraufhin konstruierte Injektor (Saug- und Druckdüse) lieferte zwei Liter Sauerstoff minütlich und förderte eine Luftmenge von zwanzig Litern pro Minute. Das Gerät – hergestellt von der Firma Dräger, vertrieben von der Sauerstoff-Fabrik

Berlin – trug die Bezeichnung »Giersberg 1901« und war das erste Injektorgerät des Sauerstoff-Gasschutzes[1].

Die Interessengemeinschaft der beiden Firmen endete 1902; seitdem brachte jede Firma ihr eigenes Gerät in den Handel. Für Bernhard Dräger bedeutete dies wieder eine komplette Unabhängigkeit in seiner Arbeit und eine Zeit vieler neuer Erkenntnisse. Ein Problem in seinen Konstruktionen blieb die Reinigung der Ausatemluft von Kohlensäure. Bernhard Dräger hatte dies schon vor 1904 schriftlich festgehalten:

Bernhard Dräger erfand die Patronierung der Atemmunition. Sie erst machte den Gasschutz praktikabel.

Erhöhte Kohlensäureansammlung bewirkt erhöhten Atemreiz.

Zu einer derart klaren Formulierung ließ sich aus den Kreisen der experimentellen Atemphysiologie bis dato noch niemand hinreißen, und so wurde sie von dort als erste Reaktion wie erwartet abgelehnt.

Die Bindung der im Kreislauf eines Sauerstoff-Gasschutzgerätes auftretenden Kohlensäure erfolgte schon seit Schwann (1853) in einem Metallbehälter, der mit einer entsprechenden Chemikalie (Kalk, Sodalauge, Kalistengeln, grobkörnigem Natronkalk) gefüllt war. Im ersten Injektorgerät »Giersberg 1901« wurde eine Chemikalientrommel, gefüllt mit grobkörnigem Natronkalk, später mit Kalistengeln, verwendet. Die Befüllung der Behälter geschah manuell, in der Regel kurz vor Gebrauch des Geräts.

Mit der Alkalipatrone schuf Bernhard Dräger nun die Möglichkeit der maschinellen Befüllung – unter geringster Berührung des feinen Füllmaterials mit der Außenluft. Er war der Erste, der eine durch Patronierung versandfertige, lager- und sofort gebrauchsfähige Atemmunition auf den Markt brachte[2]. Ihr Prinzip wurde vom Gasschutzgerätebau international übernommen. Ihre Premiere hatte die Patrone im Sauerstoff-Gasschutzgerät »Modell 1903«.

---

[1] Das deutsche Injektorpatent (Nummer 132 021) läuft auf die Namen »Alexander Bernhard Dräger, Dr. Ludwig Michaelis«, Firmenchef der Sauerstoff-Fabrik Berlin.
[2] Das deutsche Patent dieser Regenerationspatrone trägt die Nummer 160 730.

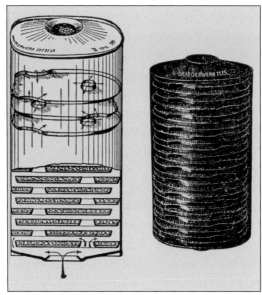

Alkalipatrone der Sauerstoff-Gasschutzgeräte des Systems »Dräger« mit Injektorantrieb

Hiermit lieferte Bernhard Dräger dem Bergbau das erste Sauerstoff-Gasschutzgerät für zweistündigen Gebrauch.

Das Gerät war noch nicht weit verbreitet, als Bernhard Dräger von Berginspektor Flemming eingeladen wurde, mit ihm und der Grubenrettungsmannschaft auf Camphausen nahe Saarbrücken unter Tage eine Übung mit dem »Modell 1903« durchzuführen. Die Übung brachte Bernhard Dräger das erwartete zufriedenstellende Ergebnis, allerdings offenbarte es auch Verbesserungspunkte. Seine Beobachtungen an sich selbst und den Übungsmannschaften brachten ihn zu der Frage, ob die für die Luftförderung des Gerätes festgelegten zwanzig Liter pro Minute für das Füllungsbedürfnis der Lunge ausreichend seien. Schied der Körper bei dieser harten Arbeit nicht eine viel größere Kohlensäuremenge aus, als sie die Regenerationseinrichtungen des Gerätes umwandeln konnten? Er nahm sich vor, auf diese Fragen zu Hause in Lübeck sofort eine Antwort zu erarbeiten.

Gemäß den Erkenntnissen der atemphysiologischen Forschung galten vor 1904 folgende Werte für den Bau freitragbarer Atemschutzgeräte als verbindlich:
1. Die dem Atmer bei schwerer Arbeit minütlich zuzuführende Luftmenge soll zwanzig Liter groß sein,
2. ein Kohlensäuregehalt der Atemluft bis zu drei Prozent ist zulässig,
3. die Kohlensäuremenge, die der arbeitende Mensch in zwei Stunden ausatmet, beträgt 54,4 Liter.

Nach diesen Grundsätzen wurden alle vor 1904 in den Gebrauch kommenden freitragbaren Gasschutzgeräte gefertigt. Nach der Herstellung eigener Atemmessgeräte starteten Bernhard Dräger und sein Vater Heinrich ihre Versuche des Jahres 1904. Sie kamen zu folgendem Ergebnis:
1. Die dem Atmer bei schwerer Arbeit zuzuführende Luftmenge soll 50 bis 70 Liter pro Minute groß sein,
2. ein Kohlensäuregehalt der Atemluft bis zu drei Prozent ist nicht zulässig, er soll nicht größer sein als drei Promille,
3. die Kohlensäuremenge, die der arbeitende Mensch in zwei Stunden ausatmet, beträgt mindestens 94 Liter.

Als Bernhard Dräger mit diesen Ermittlungen an die Öffentlichkeit trat, überrollte ihn eine fast überwältigende Kritik. Die Wissenschaftler der atemphysiologischen Forschung waren erbost aus ihren Laborstühlen hochgeschossen und wetterten gegen diesen Angriff auf die Ehre ihrer »Alten«. Bernhard Dräger blieb unbeirrt. Seine Erfahrungen auf der Saargrube Camphausen und seine eigenen physiologischen Untersuchungsergebnisse wurden die Grundlage für die Konstruktion des Gerätemodells »Modell 1904/09«, mit dem er den Aufbau des Grubenrettungswesens auf weltweiter Ebene unterstützte.

In den Kalipatronen-Werkstätten des Drägerwerks: Schalen-Stanzerei (links oben), Sieb-Stanzerei (rechts oben), Lager (unten)

Neben dem Bergbau profitierten weitere Branchen von seinen Erfindungen. Für den Rauchschutz der Feuerwehren, den Gasschutz der Sanitätsformationen und der gasgefährdeten Industrien wurden die Dräger-Modelle unentbehrlich. Bernhard Drägers Forschungsergebnisse wurden schnell die international anerkannte Norm für den Bau freitragbarer Sauerstoff-Gasschutzgeräte. 1904 konnte das Drägerwerk die gasschutztechnische Weltführung für sich verbuchen.

Im Rahmen des I. Internationalen Rettungskongresses in Frankfurt am Main 1908 nahm Bernhard Dräger zu den Turbulenzen der letzten Monate Stellung:

Die Praxis erwies, dass die Theorie sich überholt hatte. Die Theoretiker liefen Sturm.

Mir selbst kamen bei der kritischen Beobachtung der übenden Retter auf Camphausen im steilen Abbaufeld zum ersten Mal Zweifel an der Richtigkeit der festgelegten Luftmenge zum Füllen der Lunge und des zugelassenen Kohlensäuregehalts der Atemluft. Eine sofort vorgenommene persönliche Übung am gleichen Ort bekräftigte meine Bedenken. Noch am selben Tag gab ich telegrafisch Weisung nach Haus, keinen Rettungsapparat mehr vor Beendigung neuer Versuche abzuliefern. Ich stoppte die ganze Fabrikation. Diese Versuche sind dann im Verlauf der nächsten drei Monate tatkräftig durchgesetzt worden. Sie führten von Erfolg zu Erfolg. Das bisherige Fundament der Rettungsapparate fiel durch sie tatsächlich gänzlich in sich zusammen, und wir kamen zu Atmungswerten, die von den früheren weit abwichen, so dass es verständlich wurde, weshalb alle früheren Rettungsapparate nicht genügend leistungsfähig waren.

Wir haben in Wort und Schrift immer wieder gepredigt: Eine schwere Arbeit mit einem Rettungsapparat verlange einen niederen Kohlensäuregehalt in der Atmungsluft und eine genügende Luftzufuhr zum Füllen der Lunge. Besonderen Dank haben wir dafür nicht gehabt. Die erwähnte Arbeit wurde mehrfach heftig angegriffen, indem man meine klaren, einwandfreien Versuche mit Angaben älterer Autoritäten und mit einem wissenschaftlich scheinenden Wust von Formeln bekämpfte, so dass der Nichteingeweihte gänzlich verwirrt über Wahrheit und Irrtum werden musste.

Die Zuhörer, die Bergbauabteilung des Kongresses, antwortete mit großem Beifall. Diese Anerkennung hat dem Geschäfts- wie Privatmann Bernhard Dräger viel bedeutet.

TAUCHRETTER FÜR U-BOOTE

Die Weltöffentlichkeit war beunruhigt durch eine Reihe schwerer Unfälle in den U-Boot-Flottillen der europäischen sowie japanischen Kriegsmarine. Die Boote waren durch Havarie gesunken. Die Besatzungen erstickten qualvoll im Bootsraum. Das Drägerwerk wurde um Hilfe gebeten. Die Aufgabe war in zwei Abschnitte unterteilt:

1. Schaffung einer Luftreinigungsanlage, die es der Besatzung ermöglicht, sich bis zur Bergung des Bootes im Inneren aufzuhalten.
2. Konstruktion und Bau eines kleinen, freitragbaren Auftauchgerätes für die Bootsinsassen, um das auf Grund liegende und nach Öffnen des Bodenventils zu flutende Boot durch das aufgestoßene Luk zu verlassen.

Erste Tauchretter-Versuche 1911 mit einem Rauchhelm. Auf der Brust: Sauerstoffcylinder und Kalipatrone, auf dem Rücken: Atembeutel. Rechts: Bernhard Dräger. Im Tauchanzug: Tauchmeister Arnold Gottlebsen

Die technische Antwort auf diese Anfrage wartete praktisch längst in Bernhard Drägers Schublade. Lieferten seine Sauerstoff-Gasschutzgeräte mit dem Prinzip der Atemluftregeneration nicht bereits die Lösung? Es absorbierte die Ausatemkohlensäure und frischte die Atemluft mit reinem Sauerstoff in einem geschlossenen Gerätekreislauf wieder auf. Konnte dieses Prinzip nicht in den Raum eines U-Bootes übertragen und durch geeignete Behelfsatemgeräte für diese speziellen Anforderungen modifiziert werden?

Es konnte. 1907, nur ein Jahr später, hatte Bernhard Dräger den ersten Teil der Aufgabe gelöst. Vorausgegangen waren dem monatelange atemphysiologische Versuche im großen Stil und ein ebensolcher Versuchsapparatebau. Unterstützt wurde er durch seinen erfolgreichsten Oberingenieur, Hermann Stelzner. 1910 baute dieser den U-Boot-Tauchretter, ein Auftauchgerät mit Luftregenerati-

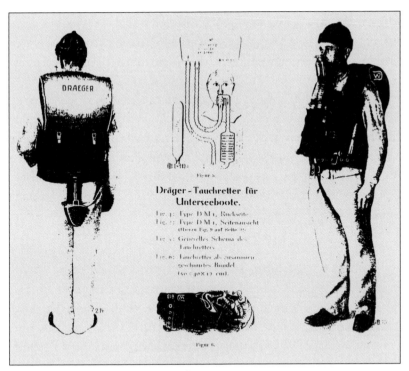

Dräger-Tauchretter für Unterseeboote

on nach dem Prinzip Bernhard Drägers. Der zweite Teil der Aufgabe war auch geschafft.

Deutsche, dänische, schwedische und holländische Unterseeboote fuhren schon nach kurzer Zeit mit Luftreinigungsanlagen des Systems Dräger. Sie ermöglichten ihnen eine Unterwasserfahrt oder ein Aufgrundgehen für eine Dauer bis zu 72 Stunden. Die Raumluft der Boote wurde über Ventilatoren durch Alkalipatronen-Batterien gesaugt und dort von der Ausatemkohlensäure der Besatzung gesäubert. Über eine neuartige Dosierarmatur, einstellbar auf die Zahl der Besatzung, strömte reiner Sauerstoff zurück in den Raum. Jedes Besatzungsmitglied verfügte zudem über Alkalipatronen mit Atemmundstücken als Behelfsatemgerät.

Am 16. Januar 1911 meisterten die Einrichtungen ihre erste große Bewährungsprobe. Das deutsche Boot »U 3« havarierte in der

Kieler Bucht und sank. Von den 30 Mann Besatzung konnten nach der mehrstündigen Bergung 27 Mann gerettet werden. Drei Mann, darunter der Kommandant, starben im Turm des Bootes. Dort gab es keine Rettungseinrichtungen.

»**Klok zes wird gedraegert.**« In zwei Kriegen haben Luftreinigungsanlagen und Tauchretter des Systems Dräger seitdem das Leben so mancher U-Boot-Besatzung retten können. In Schweden, Dänemark und Holland lautete das Trainingskommando zum Antreten für eine Tauchretterübung voller Respekt:

»Klok zes wird gedraegert.«

Das erste Höhenatemgerät

Im Jahr 1907 fand sich mit dem Wiener Physiologen H. von Schrötter und den Ballonfahrern Dr. Flemming und Dr. Wigand ein Expertenteam zusammen mit dem Ziel, alle physiologischen und technischen Fragen der Atmung in hohen Luftschichten zu klären. Über den ebenfalls beteiligten Professor Dr. Guglielminetti erfuhr auch Bernhard Dräger davon. Er hatte schon länger die Idee zur Eroberung der Troposphäre bis hin zu den unteren Schichten der Stratosphäre.

1911 stellte er der Höhenfahrt sowie der Hochgebirgsforschung das erste Höhenatemgerät für Aufstiege bis zu 9.000 Meter zur Verfügung. Ein weiteres Forschungsterrain war abgesteckt.

Die ersten Autogengeräte

Schon um 1903 kreuzten sich die Wege von Bernhard Dräger und Oberingenieur Ernst Wiss von der Chemischen Fabrik Griesheim-Elektron, Frankfurt am Main. Wiss' Interesse galt einer technisch-gewerblichen Verwendung zum Löten für den im chemischen Bereich als Nebenprodukt abfallenden Wasserstoff. Bernhard Dräger wiederum hatte bereits 1896 als Übergangslösung die Konstruktionsgrundlagen eines Leuchtgas-Lötbrenners gefunden, der mit einer von ihm entwickelten neuen Modifikation der Saug- und

Druckdüse (Injektor) arbeitete. Im Weiterausbau dieses Brenners entstand damals der »Dräger-Knallgasbrenner«, für den 1901 eines der ersten Patente der Gasschmelztechnik erteilt wurde. Das Drägerwerk verstärkte die Arbeit in diesem Bereich und zeigte ziemlich schnell eine weithin anerkannte Starkbrennerfabrikation.

Ernst Wiss kannte die feinmechanische Qualitätsarbeit der Drägerwerkstätten. Er nahm Kontakt zu Bernhard Dräger auf. Beide ahnten, dass ihre Erfahrungen auf dem wenig erforschten Gebiet der Gasschmelztechnik hervorragende Synergieeffekte ergeben könnten und so gründeten sie ihre »Arbeitsgemeinschaft für Versuche«. Der Dritte im Bunde wurde Professor Hermann Richter von den Technischen Staatslehranstalten in Hamburg. Zwischen Griesheim-Elektron und dem Drägerwerk entstand eine Interessengemeinschaft für das Gebiet der autogenen Metallbearbeitung. Das Drägerwerk stellte Schweißgeräte für Sauerstoff-Wasserstoff und Sauerstoff-Azetylen, seit 1907 auch Schneidbrenner her, Griesheim-Elektron vertrieb sie.

Zwischen Bernhards Vater Heinrich und Ernst Wiss, später Dr.-Ing. E. h. der Technischen Hochschule Darmstadt, entwickelte sich eine langjährige Freundschaft. Beide Männer waren universelle Kenner auf ihren Arbeitsgebieten, hatten den gleichen rauen Humor, selbst ihre Statur ähnelte sich. Was sie kräftig unterschied, war das Alter. Heinrich Dräger war laut Pass bereits sechzig Jahre alt, laut öffentlicher Wahrnehmung jedoch geistig reger als manch 30-Jähriger. Wiss war ganze 23 Jahre jünger.

Im März 1907 galt die Konstruktion des ersten Schneidbrenners, an der – wie schon an der Entwicklung des Schweißbrenners – der Oberingenieur des Drägerwerks, Hans Schröder, beteiligt war, als abgeschlossen. Die ersten gebrauchsfertigen Brenner lagen bereit, eine erste Versuchsserie an Eisen- und Stahlplatten verschiedener Metallstärken konnte beginnen.

Wir trafen uns in einer der Werkstätten. Heinrich Dräger erklärte den Umstehenden:

diese und nächste Seite:
Dräger-Katalog vom Februar 1903

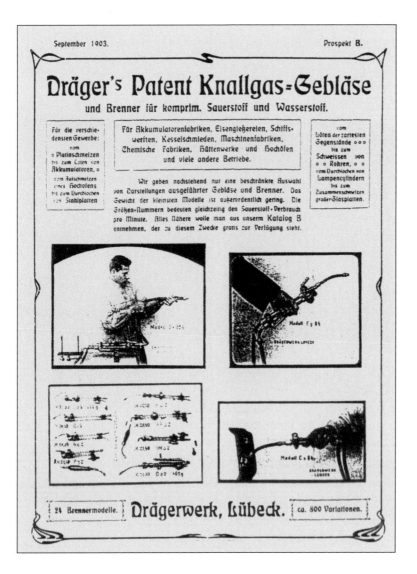

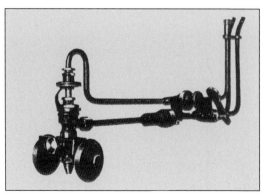

Wasserstoff-Schneidbrenner 1906/08

Dräger-Schweißbrenner 1903

»Ernst Wiss von der Frankfurter Griesheim-Elektron bringt in Zusammenarbeit mit uns einen neuen Schneidbrenner für Wasserstoff und Sauerstoff heraus. Hergestellt wird er hier im Werk. Herr Kunzmann wird damit nun diese Eisenträger zerschneiden.«

Das hofften wir zumindest. Erwartungsvolles Schweigen.

Meister Kunzmann setzte den Schneidbrenner an – und zerschnitt das Eisen wie ein Meterbrot. Die Funken des Autogenschnitts gingen über uns nieder und wir waren begeistert. Nur Heinrich Dräger sprach gedankenvoll in den Funkenregen:

»Ernst: Geldschrankknackern können wir dieses Werkzeug nicht anbieten.«

Wiss lachte: »Weshalb nicht? Es wird einer besseren Entwicklung der Geldschränke förderlich sein.«

ENTSTEHUNG DES DRÄGER-PULMOTORS

Im Sommer 1907 kehrte der »alte Herr« von einer England-Reise zurück. Er hatte einen guten Einblick in das englische Grubenrettungswesen gewonnen, geführt von dem damaligen Berglehrer und Leiter der Grubenrettungsstation Tankersley in Yorkshire, Arthur Winborn, und dem englischen Repräsentanten des Drägerwerks, Richard Jacobson. Zwei perfekte Begleiter für Heinrich Drägers Interessen, denn beide zählten zu den Pionieren des bergmännischen Rettungswerks in England.

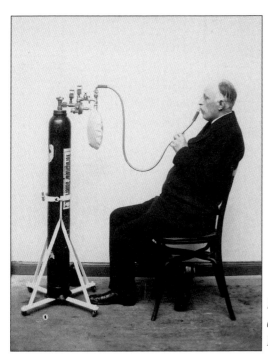

Heinrich Dräger erprobt ein neues Sauerstoff-Inhalationsgerät

Das Sauerstoff-Gasschutzgerät »Modell 1904/09« war damals auf den Grubenrettungsstellen der englischen Bergreviere in großer Anzahl in Betrieb. Heinrich Dräger wollte sich nun vor Ort über den Erfolg seiner Geräte informieren. Zurück in Lübeck kam er direkt in mein Redaktionsbüro und plauderte begeistert ohne Punkt und Komma. Plötzlich schwieg er, nahm aus seiner Brieftasche zwei Zeichnungen und schob sie mir zu. Ich erkannte zunächst nicht viel. Er klärte mich auf:

»Durch unseren Apparatebau für die medikamentöse Anwendung des Sauerstoffs sind wir mit seiner Heilmission vertraut geworden. Wir erlebten die Erfolge der Sauerstoffinhalation bei Kohlenoxyd, bei Leuchtgasvergiftungen. Aber alle gasvergifteten Menschen, denen durch Sauerstoffbehandlung geholfen werden konnte, atmeten noch. Was geschah mit den Patienten, die nicht mehr wahrnehmbar atmeten? Sie konnten nicht mehr inhalatorisch behandelt werden. Wir kamen nun auf eine Zwischenlösung. Es wurde vorgeschlagen, Bewusstlose von Hand nach dem Verfahren des Engländers Silvester künstlich zu beatmen und ihnen gleichzeitig durch ein Inhalationsgerät Sauerstoff zuzuführen.

Eine hundert Jahre alte Konstruktion wurde zur Vorlage für den Pulmotor.

Wir fingen an, nach einer apparativen Methode zu suchen, die atemphysiologisch verantwortet werden konnte. Mit viel Mühe fanden wir in einer 1811 in Nürnberg erschienenen Druckschrift des Philosophie-Doktors Poppe die geeignete Darstellung eines Saug- und Druckdoppelblasebalgs zur Beatmung Asphyktischer[1]. Das Schicksal dieser Apparatur blieb uns unbekannt.

Dann war Professor Dr. Zuntz meines Wissens der Erste, der die Blas- und Saugmethode der künstlichen Beatmung um 1875 bei physiologischen Versuchen an kurarisierten[2] Tieren verwendete. Ostern 1906 sah ich auf dem Chirurgenkongress in Berlin zum ersten Mal eine von Zuntz stammende Blasebalgeinrichtung, die eine Anwendung seiner Methode auch an Menschen ermöglichte. Von nun an beschäftigte mich das Problem dauernd. Die Sache lag gewissermaßen in der Luft. Ich kannte die Aufgabe, aber ich fand keine Lösung.

Mit einem Mal wurde es hell in meinem Kopf. Hatten wir das zum Hervorrufen der beabsichtigten Wirkung nötige Saug- und Druckorgan in unserem freitragbaren Sauerstoff-Gasschutzgerät nicht schon jahrelang? Die Saug- und Druckdüse, der Injektor, der auf der einen Seite Luft ansaugt, auf der anderen Seite Luft abbläst. Es handelte sich nur darum, abwechselnd die saugende und die blasende Wirkung auf die menschliche Lunge zu übertragen.«

Nur wenige Wochen später zeigte mir Heinrich Dräger das erste Modell eines maschinellen Wiederbelebungsgerätes für künstliche Beatmung. In einem größeren Kasten aus Eichenholz war in einem Abteil ein kleiner Stahlzylinder untergebracht, der bei einem Anfangsdruck von 150 at 300 Liter Sauerstoff enthielt. In einem zweiten Abteil befand sich – Heinrichs berufliche Anfänge ließen sich nicht verleugnen – ein starkes Uhrwerk als Antriebsmaschine für

---

[1] asphyktisch: ohne Puls, dem Ersticken nahe
[2] mit Curare vergifteten

das Umsteuern des durch einen Injektor geförderten Sauerstoffstromes. Anschlussarmaturen, ein Druckminderventil und ein längerer Atemschlauch mit Nasenmaske vervollständigten die Apparatur. Um die Wirkungsweise des Gerätes vorführen zu können, wurde die Nasenmaske gegen einen drei bis vier Liter fassenden Gummibeutel (als Lungenattrappe) ausgewechselt. Nach dem Aufziehen des Uhrwerks mit einer Kurbel und dem Öffnen des Stahlzylinder-Verschlussventils legte das Gerät los. Mit hörbarem Blasgeräusch drückte der unter einem Betriebsdruck von sieben bis acht at arbeitende Injektor Sauerstoff/Luft in den sich blähenden Gummibeutel und saugte nach der Umsteuerung den zusammenfallenden Beutel wieder leer: Die Lungenattrappe atmete.

Der Vorgang war verblüffend. Problematisch blieben das regelmäßig immer wieder aufzuziehende Uhrwerk und die durch eine uhrwerkangetriebene Exzenterscheibe gleichbleibenden Beatmungsintervalle. Sie unterschieden nicht, ob nun eine Männer-,

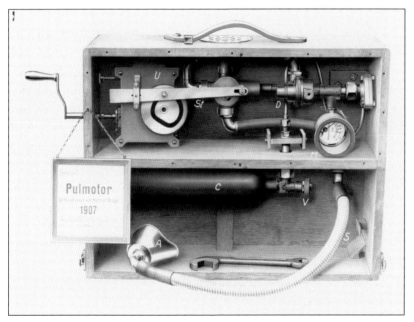

Die Ur-Konstruktion des »Pulmotors« von Heinrich Dräger

Frauen- oder Kinderlunge zu beatmen war. Eine durch Lungengröße beeinflusste Druckumsteuerung fehlte noch.

Vater und Sohn vereinbarten, das neue Wiederbelebungsgerät dem I. Internationalen Rettungskongress in Frankfurt am Main 1908 als »plombiertes Entwurfs-Modell« vorzuführen. Die Resonanz war sagenhaft. Dennoch blieb es für die Fabrikation gesperrt. Es fehlte seine »physiologische Freisprechung«. War es atemphysiologisch zu verantworten, Atemluft unter einem Druck von 20 bis 25 Zentimeter Wassersäule in die Lunge zu drücken? Führte die Konfrontation mit so einem Überdruck nicht zwangsläufig zu Schädigungen der Lungenbläschen, zu Blutungen, zu Entzündun-

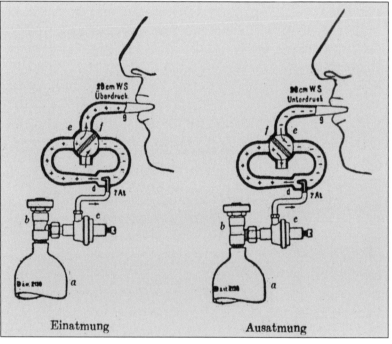

Wirkungsweise des »Pulmotors«;
a=Sauerstoff-Stahlzylinder; b=Verschlussventil des Stahlzylinders; c=Druckminderventil; d=Saug- und Druckdüse; e=Hahn; f=Hahnküken; g=Atemrohr mit Mundstück

gen? Wurde nicht das physiologische Atembild auf den Kopf gestellt? Die natürliche Atmung wirkt wie folgt: Druck im Ausatemvorgang, Ansaugen beim Einatmen. Das neue Wiederbelebungsgerät der Überdruck-Methode arbeitete genau umgekehrt. Konnte diese Umkehrung gesundheitliche Risiken für Herz oder Kreislauf bedeuten?

Prof. Dr. med. Otto Roth, Physiologe und Chirurg, Leiter der chirurgischen Abteilung des Allgemeinen Krankenhauses Lübeck, sah sich von Heinrich und Bernhard Dräger vor verantwortungsvolle Fragen gestellt. Es war ihm im Einverständnis mit den Angehörigen möglich, Patienten direkt nach deren Tod in eine entsprechende Versuchsreihe einzubinden. Nach einigen Tests konnte er alle Fragen verneinen. Die Umkehrung des physiologischen Charakters der Atmung hatte keine negativen Auswirkungen.

Zunächst sollten Mediziner prüfen, ob so ein Gerät tauglich sei.

Heinrich Dräger war von Roths Untersuchungsergebnissen sichtlich bewegt. Er wollte schließlich Leben retten, es auf keinen Fall gefährden. Das Gerät wurde in der von Vater und Sohn fortgesetzten Entwicklungsarbeit weiter optimiert. Der »alte Herr« berichtete:

»Eine lästige Zugabe blieb das Uhrwerk. Nach langem Suchen fand unser Oberingenieur Hans Schröder die einfachste und natürlichste Lösung. Er brachte einen kleinen Steuerbalg an, der mit dem Saug- und Druckraum des Gerätes in Verbindung steht und durch Steuergestänge mit einem Pufferbalg zusammenarbeitet. Dieser Umsteuerungsmechanismus wird durch Erhöhung und Verminderung des Druckes in Bewegung gesetzt. Die lange Schlauchleitung vom Injektor bis zur Atemmaske wurde durch Bernhard Dräger gegen zwei Schläuche, angeschlossen an ein neukonstruiertes Ventil, ausgewechselt. Einatemluft und Ausatemluft bewegen sich nun auf getrennten Straßen. Die Nasenmaske musste einer über Mund und Nase gut abdichtenden Gummi-Halbmaske weichen. Und es fehlte noch eine Kleinigkeit: Das Kind musste einen Namen haben.

Sauerstoff-Wiederbelebungsmaschine »Pulmotor« für künstliche Beatmung (ausgereifte Konstruktion)

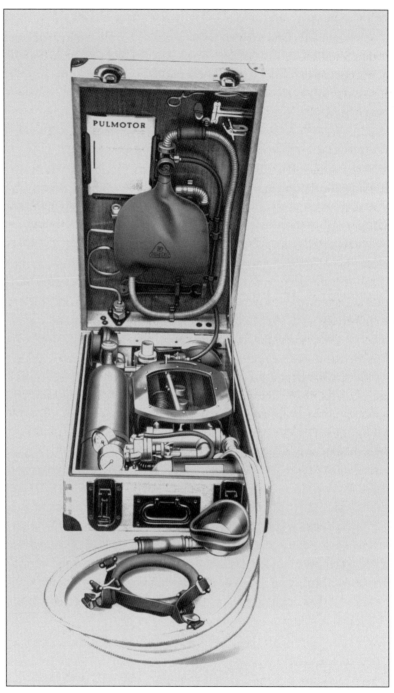

Ich wählte den Fantasienamen ›Pulmotor[1]‹, der von den Ärzten der ganzen Welt lachend verstanden wird. Ist einer unter ihnen, der den Sinn des Wortes nicht gleich erfasst, dann findet sich wohl ein humorvoller Kollege, der ihm zuflüstert: ›Herr Kollege, Sie müssen das Wort in der Mitte sto-stotternd aussprechen.‹ «

Kein Gerät des Drägersystems hat die Physiologen in aller Welt so aufgerüttelt und derartige Kontroversen aufgeworfen wie der Pulmotor, das erste vom Handblasebalg befreite Gerät des Überdruckverfahrens. Die Konstruktion des Pulmotors beruht nicht auf Blasebalg- und Luftpumpenwirkung. Die Innovation sah folgendermaßen aus: Es existiert keine besondere Vorrichtung für Luftverdünnung und Luftverdichtung; diese Vorgänge werden durch eine einzige Saug- und Druckdüse, den Injektor bewirkt. Das verdichtete Gas – der in einem Stahlzylinder unter Hochdruck aufgespeicherte Sauerstoff – wird nicht allein als Heilmittel, sondern in seiner Entspannung zugleich als Betriebsmittel verwendet. Zuviel Neues für ein paar der Experten. Da kam ihnen ein Zwischenfall scheinbar wie gerufen. Doch dazu später mehr.

Anwendung des »Pulmotors« in einer Badeanstalt

Die Rettungspraxis setzte sich über den Streit der Theorien hinweg. Ende 1908 begann die Verbreitung des Pulmotors. Ende 1911 waren bereits über 2.000 Pulmotoren ausgeliefert an die Bergbaureviere, Feuerwehren und Industrie. In einem Erhebungszeitraum vom 16. Januar 1912 bis zum 1. Mai 1918 zählte man 1.324 wiederbelebte Personen, darunter 750 durch Leuchtgas Erkrankte. Verbreitung und Erfolg des Geräts stiegen von Jahr zu Jahr.

Wieder setzten sich die Praktiker gegen die Bedenkenträger durch.

---

[1] Pulmo = Lunge (lat.)

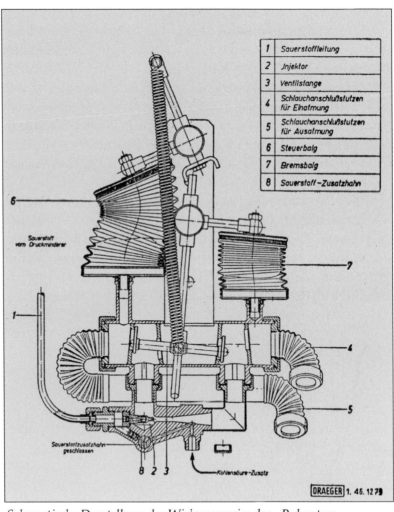

Schematische Darstellung der Wirkungsweise des »Pulmotors«

Heinrich Dräger im Versuchslabor

Sauerstoff-Gasschutzgeräte »Modell 1904/09« und »Modell 1910/11«

In den Steinkohlerevieren Mitteleuropas war der erste Aufbau des bergmännischen Rettungswesens auf der Grundlage des Sauerstoff-Gasschutzgeräts »Modell 1904/09« abgeschlossen. Bernhard Dräger hatte bis 1910 über 7.000 Stück dieses Gerätemodells ausliefern lassen; für den Ernstfalleinsatz standen 15.000 ausgebildete Rettungsleute des Bergbaus bereit. Feuerwehren und gasgefährdete Industrien hatten das Gerät in Betrieb genommen. Nie zuvor hatte ein Gasschutzgerät eine ähnlich hohe Verbreitungsziffer erreicht. Mit dem »Modell 1904/09« arbeiteten Rettungsleute in Deutschland, Frankreich, England, Russland, Kanada und den USA. Bernhard Dräger beobachtete Ernstfalleinsätze seiner Geräte mit extremer Genauigkeit. Jede noch so kleinste Information aus der Untertagearbeit der Rettungstrupps nutzte er zur Optimierung des Geräts.

Nach achtzehnmonatiger Arbeit im Labor und in den Versuchswerkstätten war Bernhard Drägers neu konstruierte Atemschutzausrüstung fertig. Das Gerät erhielt die Bezeichnung »Modell 1910/11«. Aufbau und Wirkungsweise ähnelten dem »Modell 1904/09«. Rauchhelm und Mundatemeinrichtung wurden jedoch grundlegend überarbeitet. Rücken- und Vorderteil des Geräts waren den neuesten Erkenntnissen der Ergonomie angepasst.

Mit dem Sauerstoff-Gasschutzgerät »Modell 1910/11« eroberten Bernhard Drägers Konstruktionsideen ein zweites Mal die Welt. Bis 1912 gingen 5.000 Geräte hinaus, 1919 wiesen die Bücher eine Gesamtverbreitung von 7.013 aus. Enorme Stückzahlen für diese Zeit.

Die Ausbildung an den Geräten war fester Bestandteil der Lieferung.

Nach Konstruktion, Herstellung und Auslieferung sah Bernhard Dräger seine Arbeit nicht als beendet. Der genaue Gebrauch seiner Geräte durch eine entsprechende Ausbildung seiner Nutzer lag ihm sehr am Herzen. Er fühlte sich nicht nur für die zu Rettenden verantwortlich, sondern auch für den jeweiligen Retter. Sicherheit war oberstes Gebot.

Kein Gerät verließ das Werk ohne sorgfältigste Qualitätsprüfung. Zudem entwickelte man detailgenaueste Gebrauchsanweisungen und umfassendes Schulungsmaterial für die Zielgruppe seiner Produkte. Die Ausbildung der Gerätewarte seiner Kunden geschah unentgeltlich im Werk selbst.

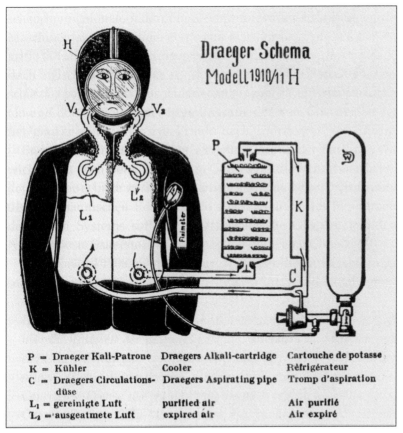

Generelles Schema für die Wirkungsweise des Sauerstoff-Gasschutzgerätes »Draeger 1910/11« mit Injektorantrieb der Luftzirkulation

Dräger-Sauerstoff-Atmungsgerät Modell 1910/11

Chicagoer Feuerwehr mit Dräger-Halbstunden-Apparaten

Weiterentwicklung der Dräger-Gasschutzgeräte

Figur 1. Modell 1904/09, Vorderseite.

Sauerstoff-Rettungs-Apparat Modell 1904/09

Figur 3. Modell 1910/11, Mundatmung.

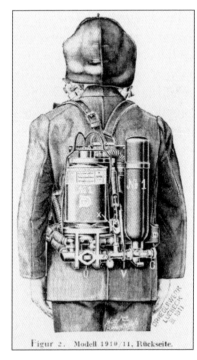

Figur 2. Modell 1910/11, Rückseite.

Sauerstoff-Rettungs-Apparat Modell 1910/11

Die Organisation des Drägerwerks

Die Organisation des Betriebes und seiner Verwaltung waren für das damalige Verständnis ungewöhnlich. Allen voran: Das Werk war Privateigentum. Bis 1912 befand es sich in Händen von Heinrich und Bernhard Dräger, danach übernahm Bernhard Dräger die alleinige Führung. Zu diesem Zeitpunkt war das Werk bereits schuldenfrei.

Auch nach Bernhards frühem Tod blieb die aus seinen Ideen entstandene Werkorganisation erhalten. Die Werkbeschäftigung war in Index-Gebiete gegliedert, sie waren für alle Produktions- und Versandabschnitte gültig. So wusste man in der Verwaltung, der Registratur, den Lagern, der Verpackung und im kompletten Schrift- und Telegrammwortverkehr, welches Produkt sich hinter den einzelnen Buchstaben verbarg, womit man es gerade zu tun hatte. Folgende Buchstaben standen für folgende Produktbereiche:
- R: Rettung – Sauerstoff-Gasschutzgeräte
- W: Wiederbelebungsgeräte für Sauerstoffinhalation und künstliche Beatmung
- D: Druckminderventile
- V: Verschlussventile an Behältern für verdichtete Gase
- A: Autogengeräte – Löt-, Schweiß- und Schneidbrenner

- MJ: medikamentöse Sauerstoffinhalation und Medikamentenvernebelung
- MN: Chloroform-, Äther- und Lachgasnarkose
- T: Tauchergeräte

Die Gebiete R und W wurden und blieben Kernbereiche des Betriebes. Für sie galt eine Sonderorganisation. Man war sich der vom Rettungswesen verlangten Alarm- und Versorgungsbereitschaft und der Verantwortung für eine betriebssichere Funktion aller hinausgehenden Sauerstoff-Schutz- und -Behandlungsgeräte mehr als bewusst.

Die Organisation gab den Prozessen im Unternehmen eine feste Struktur.

Wo in den Werkstätten, in Gießerei und Dreherei, Klempnerei und Schlosserei, Mechaniker- und Montagewerkstätten, den Lagern, Gerätekontrollen und der Versandabteilung die Buchstaben R und W auftauchten, setzte eine verschärfte Konzentration ein. Genaue Sicherheitsregeln waren zu befolgen, es gab regelmäßige Schulungen durch die Abteilungsleiter. Jeder für R und W arbeitende Drägermann kannte den Nutzen der durch seine Hände gehenden Geräteteile oder Fertiggeräte, er wusste, auch er trägt ein Stück Verantwortung für das Leben der Männer, die in giftigen Gasen ihre Rettungsarbeit leisten. Bernhard Dräger war das Wissen um diese Verantwortung enorm wichtig, Nachlässigkeit oder gar Fahrlässigkeit wurden nicht geduldet. Besonders strenger Kontrolle unterlagen die Arbeitsvorgänge der Herstellung der Alkalipatronen, sie waren laufender chemischer Prüfung unterworfen.

Dieses besondere Sorgsamkeitsgebot galt auch für die Gebiete MJ und MN, abgesehen von dem allgemeinen Sorgsamkeitsgebot für alle Fabrikationsgebiete.

Für Fertigung und Wahl des Verpackungsmaterials hatte Bernhard Dräger eigens festgelegte Vorschriften entwickelt. Aus hochwertigem Holz baute er individuell auf den Verwendungszweck zugeschnittene Versandkisten. Die Drägerkisten – in mehreren Größen erhältlich – waren berühmt. In den meisten Fällen kamen sie nie wieder zurück, da sie von den Rettungsstellen und ihren Gerätewarten längst zu Möbelstücken verarbeitet worden waren.

Drägerwerk. Im Hintergrund der Erweiterungsbau von 1908

Bernhard Dräger war auch bei der »großen Kiste« sein eigener Baumeister. Jedes Gebäude seines Werks plante und konstruierte er zusammen mit einem festangestellten Architekten. Bauberater war lange Zeit sein Schwager Karl Mühlenpfordt, späterer Professor und Rektor der Technischen Hochschule in Braunschweig.

Das Verpackungsmaterial war bei den Kunden beliebt.

Das Herz der Werkproduktion lag in den Werkstätten der Feinmechanik, in einer Arbeit, die ein hohes Maß an Kreativität und Konzentration verlangt. Die Umgebung ist dabei sehr wichtig. Die besten Ideen entstehen nicht in dunklen, schlecht gelüfteten Kellerräumen. Neben diesen subjektiven Aspekten waren weitere Kriterien für den Ausbau der Werkstätten von Bedeutung: Die Herstellung von Atemgeräten für das Rettungswesen und die Heilkunde verlangt absolut keimfreie Entstehungsorte. Nicht nur die Arbeiter selbst hatten oberste Hygieneregeln zu befolgen, auch die Sauberkeit der Böden, Arbeitsplätze und Werkschränke war oberstes Gebot. Über der Eingangstür vom Kontor zum Betrieb hing passende Tafel:

Hältst Ordnung du, hält Ordnung dich.

Die Nutzung des Tageslichts wurde im Industriebau immer populärer, die Wissenschaft hatte die positive Wirkung auf Körper und Seele erkannt und verbreitet. Bernhard Dräger ließ dem Licht in seinen Bauplänen großen Raum und hatte damit ebenso großen Erfolg: Die Krankenziffer des Werks hielt sich bemerkenswert niedrig.

Nicht viele Unternehmer dachten über ihre Mitarbeiter wie Bernhard Dräger.

Decken und Wände aller Räume waren weiß gestrichen, um den Lichtquellen – Tages- wie künstlichem Licht – gute Verteilungsflächen zu bieten und im Zerstreuungseffekt geringste Schattenbildung zu erreichen. Kleider- und Werkzeugschränke, Werkbankfüße, Wascheinrichtungen und Transportgefäße erhielten, soweit es praktisch zulässig war, einen hellen Anstrich. Dunkle Ecken und Winkel gab es nicht. Die Atmosphäre war freundlich und mehr als einladend. Hier mochte man sofort losarbeiten.

Mit seinen Ingenieuren arbeitete Bernhard Dräger eng zusammen. Die Jungingenieure lernten begeistert von ihm, waren sich aber auch bewusst, dass man eigene Ideen einzubringen hatte. Jeder profitierte von jedem. Wie Vater und Sohn Dräger untereinander, so stellte Bernhard Dräger sich auch in der Zusammenarbeit mit seinen Ingenieuren der Auseinandersetzung um technische und chemische Lösungen. Er war ein leidenschaftlicher Feind aller technischen Kompromisse und Verkomplizierung. Sein eiserner Wille zur absoluten Lösung, soweit sich davon in der technischen Entwicklung sprechen lässt, trieb ihn – und meist genau ans Ziel. Bernhard Dräger war ein Vorbild an Fleiß und Disziplin. Die enge Bindung zu den Mitarbeitern galt jedoch nur für die Zusammenarbeit. Auf menschlicher Ebene war es schwerer, an ihn heranzukommen.

Erweiterungsbau des Drägerwerks (Aufnahme vom 6. August 1912)

Für das Arbeiten im Werk hatte er ein festes Ziel vor Augen: nach und nach einzelne Konstruktionsgebiete ganz in die Hände des Nachwuchses zu geben. Er machte sie frei für ein selbstständiges Arbeiten, jeder hatte seinen Freiraum. Die Zügel, die alles zusammenhielten, lagen jedoch fest in Bernhard Drägers Händen.

Drei Männer wurden in dieser arbeitsintensiven Zeit seine Oberingenieure, zwei damit auch Leiter ihrer jeweiligen Abteilungen:
- Hans Schröder für Wiederbelebung, Medizin, Druckminderventile, Verschlussventile und Autogenbrenner,
- Hermann Stelzner für Tauchergeräte, Gasmasken und Atemfilter, Pumpen und Alkalipatronen sowie
- Ludwig Claren.

Claren blieb im hoch angesehenen Assistenzverhältnis zum Chef. Das Gebiet R mit seiner enormen Verantwortung für das Sauerstoff-Rettungswesen hielt Bernhard Dräger fest in eigener Hand. Er war ein »Macher«, kein »Zeichenbrettkonstrukteur«, sondern der geborene »Bastler«. Er formte die Dinge zunächst in Gedanken, um dann relativ schnell in die Praxis zu wechseln. Unter seinen Händen wurden Konstruktionsteile zu plastischer Systematik, zu handwerklicher Kunst. Die Notizblätter mit seinen Berechnungen komplettierten genaue Handzeichnungen, alles war sorgfältig datiert und abgeheftet. Wo Bernhard Dräger war, waren meist auch diese Akten.

Fast täglich besuchte auch sein Vater, der »alte Herr«, das Werk. Man hörte ihn schon von weitem. Fester Schritt im Wechsel mit hart aufstoßendem Handstock.

»Auf Gummisohlen laufende Leute mag ich nicht leiden.«

Er ging von Werkbank zu Werkbank, begrüßte jeden Arbeiter persönlich. Dahinter verbarg sich keine Kontrolle, er war einfach gerne mittendrin im Geschehen. Jeder freute sich über die morgendlichen Minuten mit Heinrich Dräger. Er teilte Kautabak mit ihnen und sie mit ihm. Er erkundigte sich nach der Familie und half, wo es nötig war. Die Besuche waren sehr entspannt, nicht zuletzt dank dem ihm eigenen trockenen Humor.

Seit seiner schweren Erkrankung war Heinrich Dräger nicht mehr aktiv in der Fabrik tätig. Er kümmerte sich um sich und die Familie und schrieb seine Lebenserinnerungen nieder. Aber der Morgenweg durch den Betrieb gehörte zu seinem Alltag.

»Ich muss morgens feste Stiefel anziehen können, um einer ernsten Arbeit nachzugehen. Ich habe nie in meinem Leben Pantoffel getragen.«

Sein besonderes Interesse galt dem Vorrichtungsbau und der Werkzeugmacherei. Sein Wissen und seine Erfahrungen flossen auch weiterhin in die Arbeit der Werkstätten und waren in dieser Zeit für die Herstellungsverfahren oft von entscheidender Bedeutung.

Das Verhältnis der Werkmeister gegenüber Heinrich Dräger war entspannter als zum »jungen Herrn«. Bernhard schien für sie im erfinderischen Sinne nicht von dieser Welt. Sie waren stolz, für ihn arbeiten zu dürfen und schätzten ihn für sein Wissen und seinen Einfallsreichtum. Richtig warm wurden sie mit ihm allerdings nicht. Doch sie waren mit dem Werk verwachsen. Man arbeitete nicht bei Dräger, man war Dräger.

In Heinrich und Bernhard Dräger brodelte zeitlebens echte Erfinderleidenschaft. Vater und Sohn befruchteten sich in ihrer Arbeit gegenseitig. Wusste der eine nicht weiter, half der andere aus.

Waschräume im Drägerwerk

Es war ein Ineinanderfließen der schöpferischen Kräfte. Der Erfolg ihrer Arbeit gründete sich auf schonungsloser Selbstkritik. Es kam vor, dass eine Versuchsreihe ohne Rücksicht auf die ökonomischen Folgen und Einschnitte in den Betriebskreislauf abgebrochen wurde, weil eine neue Erfindung die vorausgegangene überholte. Keine Idee wurde in den Tresor verschlossen, um ihre Konjunktur abzuwarten. In Bernhard und Heinrich Dräger lebte ein Erfinderinstinkt, der sich jeder psychologischen Analyse widersetzte. Unter den Namen Heinrich Dräger und Alexander Bernhard Dräger wurden in den Jahren 1900 bis 1928 (Bernhard Drägers Tod) erteilt:
- 261 deutsche Patente,
- 443 Auslandspatente
- und Gebrauchsmuster in 912 Fällen.

Doch nicht alles verlief nach Plan. Heinrich und Bernhard Dräger galten in Arbeitgeberkreisen als »schwarze Schafe«. Sie lehnten es ab, einem Arbeitgeberverband anzugehören und ebenso, einer politischen Partei beizutreten. Sie waren politisch interessiert und hatten ihre Neigung. Die Freiheit jedoch, das nicht automatisch an den Besitz eines Parteibuches koppeln zu müssen, ließen sie sich nicht nehmen. Heinrich Dräger bezeichnete sich als »sozialliberal«. Politisch Andersdenkenden gegenüber waren sie tolerant und verlangten dies auch von der Gegenseite. Ihre Einstellung führte sie zu einer Behandlung der Arbeiterfrage, die ihren Standesgenossen sauer aufstieß.

Die gradlinigsten Angehörigen der Belegschaft waren Mitglieder der für sie zuständigen Gewerkschaft, und sie waren sehr oft auch Mitglieder der sozialdemokratischen Partei. Es schien auf der Hand zu liegen, die Einstellung organisierter Arbeiter sei von Vorteil. Nach dieser Überzeugung wurde auch gehandelt. Der 1. Mai, damals noch einer Demonstration für den Achtstundentag geltend, war Werkfeiertag, die Belegschaft schmückte ihre Arbeitsräume. Dann zog man gemeinsam zu den Maifeiern in die Vororte. Heinrich Dräger liebte es, diesen Aufmarsch an sich vorbeiziehen zu sehen. Er erklärte:

»Wäre ich Mechaniker bei Dräger, ich wäre mit dabei!«

Heinrich und Bernhard Dräger an ihren Schreibtischen

Durch einen Arbeiterausschuss war die Belegschaft bereits seit 1904 an der Beratung innerer Werkstattangelegenheiten beteiligt. Der Ausschuss setzte sich zusammen aus einem der Firmeninhaber und fünf Arbeitern. Die Wahl geschah geheim per Stimmzettel. Am 1. April jeden Jahres fanden Neuwahlen statt. Als wahlberechtigt galten alle volljährigen Arbeiter des Werks, als wahlfähig nur die Arbeiter, die volljährig, unbescholten und mindestens ein Jahr ununterbrochen im Betrieb beschäftigt waren. Wiederwahl war erlaubt. Die Gewählten verwalteten ihre Geschäfte ehrenamtlich. Infolge der Vorschulung durch ihre Berufsorganisationen waren die Ausschussmitglieder auf ihre Aufgabe bestens vorbereitet. Man hatte gemäß der Werkordnung folgende Pflichten:
- Vorbringen von Beschwerden,
- Schlichten von Differenzen unter den Arbeitern,
- Hinweise auf Missstände in der Werkeinrichtung,
- Berichtigung tatsächlich zu niedriger oder zu hoher Akkordsätze (galt nur für eine sehr kleine Arbeitergruppe),

- Beurteilung minderwertig abgelieferter Arbeitsstücke und Feststellung der Ersatzpflicht des belasteten Arbeiters,
- in Zweifelfällen oder auf erhobene Beschwerde das Festsetzen der Höhe einer Ordnungsstrafe bei Verstößen gegen die Werkordnung oder sonstigen Vergehen,
- die Verwendung der Strafgelder zum Nutzen der Arbeiterschaft und die Kontrolle der damit finanzierten Projekte.

Diese innerbetriebliche Demokratie und das Arbeiten auf gleicher rechtlicher Augenhöhe hatten klar erkennbare Folgen: Zufriedenheit, Motivation und ein klares Verständnis für das »Abhängigsein des einen von dem anderen«. Die Belegschaft zeigte sich stolz auf die Entwicklungen, an denen sie beteiligt war.

Das Lohnsystem des Werks fußte auf Zeitlohn, nur für eine kleine, im Kern der Fertigung stehende Arbeitergruppe, galt Akkordlohn. Dass der Drägersche Zeitlohn über den zwischen Arbeitgeberverbänden und Gewerkschaften vereinbarten Tarifen lag, erleichterte den Arbeitern den Verzicht auf den sonst gewohnten Akkordlohn erheblich. Natürlich hatte die Werkleitung ein Auge darauf, dass die Wegnahme von Zeitdruck nicht im Umkehrschluss zu allzu großer Gemächlichkeit führte. Das Zeitlohnsystem mit einem Antreibesystem oder einer Aufsicht zu kombinieren, kam jedoch weder Heinrich Dräger noch seinem Sohn in den Sinn. Der »alte Herr« prägte den Leitsatz:

»Willst du, dass dein Geschäftskarren flott über alle Hindernisse dahinfahre, benutze das Eigeninteresse deiner Arbeiter und Angestellten.«

In seinen Lebenserinnerungen, die eine ausführliche Darstellung des Dräger-Lohnsystems enthalten, erzählt Heinrich Dräger:

Wir haben jahrelang über dieses Problem nachgedacht und die verschiedensten Lohnsysteme ohne wesentlichen Erfolg probiert. Das am nächsten Liegende ist der Akkord, doch dieser beflügelte nur den Einzelnen oder höchstens eine kleine Gruppe von Arbeitern in ihrer Tätigkeit. Die meisten Angestellten sind von dieser Entlohnungsform ausgeschlossen. Dann kommt die Gewinnbeteiligung in Frage. Auch sie

Die Beteiligung der Mitarbeiter an Entscheidungsprozessen war ein guter Motivator.

haben wir ohne Erfolg versucht. Bei der Gewinnbeteiligung muss man den Beteiligten oder wenigstens ihren Vertrauensleuten einen Einblick in die geheimsten Bücher gewähren. Will man dies nicht, säht man Misstrauen. Geradezu deprimierend wirkt das System, wenn einmal kein Gewinn oder kein nennenswerter Gewinn da ist. Die endgültige, uns und alle Mitarbeiter befriedigende Lösung des Problems fanden wir in unserem Monats-Prämien-System. Es umfasst alle Mitarbeiter des Werks vom Laufburschen bis zum Direktor. Es wirkt anfeuernd auf alle und eliminierend auf schlechte Arbeiter.

Beim Suchen nach einem idealen Lohnsystem fanden mein Sohn und ich zwei hierfür brauchbare Zahlengruppen, die in jedem Geschäft öffentlich, jedem Mitarbeiter zugänglich sind. Die Zahlen stehen in einem Abhängigkeitsverhältnis zueinander. Die eine Zahl ist die von allen tätigen Arbeitern und Beamten in einem Monat geleistete Arbeitsstundenzahl, und die andere Zahl ist die Wertsumme aller in dieser Zeit fertig gewordenen Ware. Für die erste Zahl sind die Lohnbücher u.a. und für die zweite Zahl die ausgehenden Rechnungen maßgebend.

Wir sagten im März 1904 zu unseren Leuten: »Hier sind die Unterlagen, die Lohnlisten und das Fakturen-Ausgangsbuch des vorigen Jahres. Ihr könnt daraus ersehen, dass im vergangenen Jahr in unserer Fabrik in jeder Stunde für eine Mark und zwei Pfennig Ware fertig geworden ist. Dieser Satz muss, um den jetzigen Status des Werks zu erhalten, mindestens erreicht werden. Wir wollen diesen Mindestsatz von jetzt an das Soll nennen. Die Summe aber, die wir wirklich erreichen, wollen wir mit Haben bezeichnen. Bleibt das Haben hinter dem Soll, dann geht das Werk den Krebsgang, geht das Haben über das Soll hinaus, dann macht das Werk Forschritte.

Könnt ihr durch erhöhten Fleiß das Haben erhöhen, so sind wir bereit, euch für jedes mehr erzielte Prozent zwei Zehntel Pfennig am Monatsschluss auszuzahlen. Lehrlinge und Burschen bekommen weniger, Meister und höhere Beamte mehr.

Vertrauen ist gut, Kontrolle ist besser – das galt auch schon damals. Die Mitarbeiter des Werks stimmten zu, nachdem sie alle Unterlagen sorgfältig geprüft hatten.

Die Differenz zwischen Soll und Haben war der prämienpflichtige Teil des Umsatzes. Betrug der Sollumsatz eines Monats 500.000 Mark, der erzielte Umsatz – das Haben – jedoch 1 Million Mark, überstieg das Haben das Soll somit um 100 Prozent. Wurden von einem Arbeiter im Monat (24 Arbeitstage zu 10 Arbeitsstunden, später 8 Stunden) 240 Arbeitsstunden geleistet, dann erhielt er am Monatsende 240 Stunden x 0,2 Pfennig x 100 Prozent = 4.800 Pfennig = 48 Mark Prämie. Heinrich Dräger weiter:

Der Erfolg war für alle Beteiligten überraschend. Die Warenproduktion stieg im ersten Monat um 46 Prozent.

Wir und unsere Leute freuten uns sehr, doch wir wagten nicht zu hoffen, dass es auf die Dauer so bleiben würde. Aber es sollte noch besser kommen. Die Warenproduktion und mit ihr die Prämie gingen fortwährend in die Höhe, wenn auch erst langsam. Jeder tat sein Bestes, und schlechte Arbeiter, die bis dahin von den Fleißigen mit durchgeschleppt waren, wurden hinausgebissen, denn sie faulenzten ja von jetzt an auf Kosten ihrer Kameraden.

Trotzdem war, wie die sehr sorgfältige Kontrolle aller Fertigerzeugnisse ergab, ein Absinken der Genauarbeit nirgends erkennbar.

In einer allen Werkangehörigen zugänglichen Halle befand sich die Prämienuhr. Auf einem großen Zifferblatt zeigte ein schwarzer Zeiger – festeingestellt – das jeweilige Monatssoll des Werkes an, welches überflügelt werden musste. Ein goldener Zeiger, am Monatsanfang auf 0 stehend, meldete Tag für Tag den Rechnungsbetrag der hinausgegangenen Fertigerzeugnisse. Sollte Prämie erarbeitet werden, dann musste der goldene Zeiger bis zur Überflügelung des schwarzen vorangetrieben werden. In der ersten Monatshälfte kümmerte sich kaum jemand um diese wichtige Uhr. Nur der Hauspostbote besuchte sie mit würdevoller Miene, weil er den goldenen Zeiger jeden Morgen vorwärts zu schieben hatte, stets nach Maßgabe des neu hinzugekommenen Rechnungsbetrages für hinausgegangene Fertigwaren. Vom 15. Monatstage ab versäumte es kein Belegschaftsmitglied, dem Vorwärtsgleiten des goldenen Zeigers schärfste Aufmerksamkeit zu schenken. In den Arbeitspausen sammelten sie sich vor der Uhr, sobald der goldenen Zeiger zu verharren schien, ernst diskutierende Gruppen. Sie kannten den Auftragsbestand des Werkes, er war aus dem Auftragsbuch ersichtlich, das jeden Morgen auf den Tagesbestand gebracht wurde. Es lag neben der Uhr in einem verglasten, sonst unverschlossenen Schaukasten. Plötzlich, am Monatsende, bekam der goldene Zeiger einen Ruck, der ihn zu einem Hochstand brachte, der uns alle stets überraschte.

Von 1904 bis 1914 bezifferte sich die ausgezahlte Prämiensumme auf rund 1 Million Mark. Da zerschlug die Kriegsbewirtschaftung das Prämien-Lohnsystem. 1915 erreichte die Monatsprämie das Dreifache der normalen Entlohnung. Die für den Kriegsbedarf aufkommende Serienherstellung und der Preisdruck des Fiskus machte das Prämien-Lohnsystem untragbar. Es wurde damals durch eine allgemeine Lohnerhöhung abgelöst.

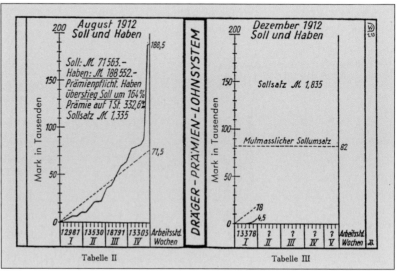

Das Dräger-Prämien-Lohnsystem

Erstes Mitteilungsblatt des Drägerwerks aus dem Jahr 1912

Die Gründung der Hauptrettungsstellen

Bernhard Dräger hatte mich seinen Ingenieuren und Werkmeistern vorgestellt, ihnen meine neue Aufgabe bekannt gegeben und zur Unterstützung der damit startenden Schulungsmaßnahmen aufgerufen.

Eine spannende Zeit begann. Ich übermittelte meine wichtigsten Erfahrungen aus der Gerätepraxis über und unter Tage an die Verantwortlichen im Werk, die diese Informationen direkt in ihre Konstruktionsarbeit einfließen ließen. Ich reaktivierte meine berufsbedingten Verbindungen zu Bergbau, Hütten und Feuerwehr und machte mich an die Arbeit.

1912/13 trafen schwere Grubenunfälle die Zechen Lothringen I/II bei Bochum, Radzionkau in Oberschlesien, Cons. Gottes-Segen im Erzgebirge und Minister Achenbach in Brambauer (Ruhr). Das deutsche Grubenrettungswesen lief auf Hochtouren und ich mittendrin, alles notierend, um es später weitergeben zu können. Ich hoffte, tatsächlich die Informationen zu speichern, die man von mir erwartete. Da kam mir der Tauchermeister und Rettungskräfte-Ausbilder Wilhelm Korte von der Bergschule Bochum zu Hilfe. Ich traf ihn und seine Mannschaft bei den Rettungsarbeiten nach dem großen Unglück auf Lothringen I/II. Mit von der Helfer-Partie waren die Grubenwehren drei weiterer Zechen. Alle trugen die Dräger-Geräte »Modell 1904/09« und »Modell 1910/11«.

An dem Tag, als Kaiser Wilhelm II. vor den toten Bergleuten der Zeche Lothringen I/II kondolierte, saßen Korte und ich in der Bergschule Bochum zusammen. Wir sprachen über die Zeit, als man in der Bergschule noch am Druckschlauchgerät Rouquayrol-Denayrouze ausbildete und mit dem Unterwasser-Tauchgerät der beiden französischen Erfinder im Tauchertank geübt wurde. Das war 1873. Vor uns auf dem Tisch lagen die alten Unterrichtspläne für die Atemschutzlehrgänge der Schule. Nach diversen provisorischen Lösungen gab es für die Ausbildungsstunden 1903 den ersten offiziellen Schulungsraum. Er wurde 1913 abgelöst durch eine für alle Reviere vorbildliche Übungsstrecke im Neubau der Schulabteilung »Grubenrettungsdienst«. Zurückgehend auf die Initiative von Bergwerkdirektor Dr.-Ing. E. h. Georg Albrecht Meyer auf Shamrock in Herne galten der theoretische Unterricht und die praktische Ausbildung der Bochumer Bergschüler im Gebrauch der Sauerstoff-Gasschutzgeräte als Pflichtfächer des Lehrplans. In den Jahren 1906 bis 1911 bildete die Schule 515 Grubenbeamte im Führen von Rettungsmannschaften und 160 Gerätewarte aus. Die Ausbildungsverantwortung lag hauptsächlich bei Wilhelm Korte und Bergassessor Grahns, als Berater stand ihnen Heinrich Dräger zur Seite.

In stundenlanger Arbeit haben wir die Grundsätze für die Mannschaftsausbildung ausgetüftelt. Wir wollten Struktur und System in die Fülle an Unterrichts- und Anschauungsmaterial bekommen und versuchen, einer allgemeingültigen Norm so nahe wie möglich zu kommen. Bernhard Drägers Ziel sollte erreicht werden: Die bestmögliche Ausbildung der Mannschaften im betriebssicheren Gebrauch der Geräte.

Normen für den Rettungseinsatz sollten erarbeitet werden.

Kurz nach den schweren Erlebnissen auf Lothringen I/II saß ich in meinem Arbeitszimmer zusammen mit Bergassessor Dr.-Ing. Richard Forstmann und Heinrich und Bernhard Dräger. Herr Dr. Forstmann war verantwortlicher Leiter der seit zwei Jahren existierenden Hauptstelle für das Grubenrettungswesen in Essen/Ruhr. Wir besprachen Konstruktions- und Ausbildungsfragen. Ich wurde gebeten, meine Erfahrungen rund um die Mannschaftsausbildung zu schildern. Unsere Meinungen waren absolut deckungsgleich und wir beschlossen, die Mannschaftsausbildung in ihren theoretischen wie praktischen Grundlagen auf gemeinsame Richtlinien zu bringen. Die Zusammenarbeit zwischen Dr. Forstmann und mir hielt mehr als vier Jahrzehnte.

Die Gründung der Hauptrettungsstelle Essen wurde vorbereitet in einer Sitzung des Rheinisch-Westfälischen Zechenverbandes am 31. März 1909 sowie der Kommission zur Regelung des Rettungswesens vom 4. Oktober 1909. In einer Sitzung des Bergbaulichen Vereins für den Oberbergamtsbezirk Dortmund vom 24. Januar 1910 wurde die Gründung der Hauptstelle, die in diesem Fall keine Mitgründung des Verbandes der deutschen Knappschafts-Berufsgenossenschaften war, einstimmig beschlossen. Die Eröffnung wurde nur wenig später, am 1. Oktober 1910, gefeiert. Die Rettungsorganisationen der Reviere wurden schnell und unbürokratisch auf einen einheitlichen Stand gebracht. Die acht weiteren Hauptstellen des deutschen Bergbaus zogen nach.

Das Fundament für ein effektives Rettungswesen wurde gegossen.

Bernhard Dräger war begeistert von dieser Entwicklung. Die Verantwortung für die Betriebssicherheit des Gerätegebrauchs verlagerte sich auf breitere Schultern, für die Mannschaftsausbildung entstand ein fundiertes Unterrichts- und Übungssystem, jede Grubenrettungsstelle baute eine Übungsstrecke, die Ausstattung der Geräteräume wurde zeitgemäß. Führung und Entscheidung jeglicher organisatorischer und technischer Fragen lag bei dem Ausschuss für das preußische – später deutsche – Grubenrettungswesen. Dessen Geschäftsführer war Bergassessor Dr.-Ing. Forstmann.

Die Hauptrettungsstellen Essen-Ruhr und Beuthen wurden verpflichtet, neue Gerätemodelle jeweils zu prüfen und ausführliche Gutachten zu erstellen. Die Beamten aller Hauptrettungsstellen übernahmen die laufende Prüfung aller Einrichtungen, Geräte und Mannschaften aller Grubenrettungsstellen sowie die Prüfung des Übungsbetriebes und waren Bote für alle von den Hauptrettungsstellen kommenden Anweisungen.

Alle Seiten profitierten von dem neuen System. Die notwendigen Wechselbeziehungen zwischen Gerätetechnik und Praxis waren gefestigt und brachten dem Bergbau große Fortschritte. Gleiches galt für das Drägerwerk.

DER INJEKTORSTREIT

1913 geriet Bernhard Dräger mit seiner Konstruktionsarbeit unter Druck. Seine Erfindungen und der Bau der Sauerstoff-Gasschutzgeräte »Modell 1904/09« und »Modell 1910/11« hatten die Konstruktionsergebnisse aller anderen gerätebauenden Stellen in Deutschland, Österreich, England und Frankreich buchstäblich überrannt.

Da sich Drägergeräte überall auf der Welt im Einsatz befanden, war abzusehen, dass die Kritik der Konstruktionsgrundlagen ebensolche weitreichenden Wellen schlagen würde. Genau dies passierte.

Am 16. Dezember 1912 hielt Sir John Cadman, Professor für Bergbau an der Universität Birmingham, vor dem South Staffordshire und Warwickshire Institute of Mining Engineers einen Vortrag über die mit Injektor arbeitenden Sauerstoff-Gasschutzgeräte. Er ging vom folgenden Vorfall aus: Am 27. Oktober 1912 verunglückte der Betriebsleiter der Cae Duke-Grube in Longhor (Südwales) während einer Brandbekämpfung. Der Getötete trug ein Injektorgerät System Dräger, das man Sir John Cadman zur Untersuchung zusandte. Er stellte im Boden der Kalipatrone zwei kleine Löcher fest, vermutlich entstanden durch Packkistennägel. Cadman bezeichnete daraufhin die mit Injektorantrieb arbeitenden Geräte als betriebsunsicher, da nicht auszuschließen sei, dass giftige Außenluft durch eine undichte Kalipatrone nach innen angesaugt und der Atemluft des Geräteträgers zugeführt würde.

Die Leitung des Drägerwerks nahm die Kritik sehr ernst. Jeder war sich der Tragweite des Ganzen bewusst. Klar war: Die Technik war einwandfrei, es lag eindeutig menschliches Versagen vor. Auf zwei Seiten: Während der Verpackung musste ein Fehler unterlaufen sein, ebenso mangelte es an einer Prüfung durch den Träger

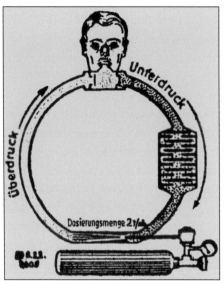

Die Kalipatrone liegt in der Unterdruckzone. Dadurch kann bei Beschädigung der Kalipatrone giftige Außenluft in das System dringen.

vor der Nutzung. Keine Gebrauchsanweisung, keine Schulung, kein Verkaufsgespräch ohne unsere Warnung:

Vor dem Gebrauch prüf dein Gerät,
Dein Leben auf dem Spiel sonst steht!

In den Geräteräumen aller mit Drägergeräten arbeitenden Reviere, hingen große Tafeln mit diesen Worten. Ab und an sogar ergänzt durch ein Transparent, das per Kontaktschranke automatisch beim Öffnen der Tür aufleuchtete und die Warnung in den Raum warf.

Bernhard Dräger nahm die Vorwürfe sehr ernst.

In diesem Fall gab es dramatischerweise keine vorherige Prüfung des Geräts. Die undichte Stelle wäre mit bloßem Auge schnell auffindbar gewesen. Doch der Unfall traf uns vor allem in der eigenen Verantwortung. Es war nicht Bernhard Drägers Art, eine Schuld abzuwälzen. Als ich ihm von den Ergebnissen der Untersuchung berichtete, wurde er kreidebleich. Nach Minuten des Schweigens murmelte er:

»Das alles durch unsere eigenen Packkistennägel.«

Ich versuchte, ihn zu beruhigen und erinnerte ihn daran, mit welcher Akribie er selbst das »R«-Verpackungsmaterial systematisierte und normte, wie er seinen Männern permanent ihre hohe Verantwortung vor Augen führte. Er hatte in den Versandkisten Pufferräume für nach innen stehende Nägel geschaffen, um den Kisteninhalt zusätzlich zu schützen. Die Fehlerquelle Mensch konnte selbst er nicht ausschalten.

Die Anweisungen für die Mitarbeiter in den Packräumen wurden verschärft. Der für die Verpackung der zur Cae Duke-Grube verschickten Kalipatronen verantwortliche Packer musste sich von uns trennen. Der Unfall wurde in allen seinen Details im Werk bekannt gemacht. Jeder verstand den Zweck dieser Miteilung. Der »Injektorstreit« blieb davon unbeeinflusst. Er ebbte erst 1922 ab.

Sir John Cadmans gutachtliche Stellungnahme hatte in England und dem ganzen Kontinent eine Reihe weiterer Untersuchungen der Unterdruckwirkungen in Injektorgeräten nach sich gezogen. Eine einheitliche Lösung fand man allerdings nicht. Auch die Mitarbeit des Bureau of Mines in Pittsburgh, Pa., konnte die entscheidende Frage nach einer Alternative nicht beantworten. Die auf den Injektor eingestellte Gerätebautechnik machte vorübergehend die Konzession, den Injektor vor die Kalipatrone zu verlegen. Alle Hoffnungen konzentrierten sich auf den II. Internationalen Rettungskongress in Wien 1913. Dort könnte eine unmittelbare Aussprache mit den englischen und nordamerikanischen Kritikern stattfinden und zu einer geschlossenen Stellungnahme führen.

Gespannt fuhren wir nach Wien. Die Stimmen des Auslands, die internationale Meinung über das Sauerstoffrettungswesen und der Arbeit des Drägerwerks kannten wir durch eigene Reisen und die Repräsentanten unserer Auslandsvertretungen:
- US-Amerika/Mexiko: Walter E. Mingramm, Teilhaber der 1907 von Bernhard Dräger in New York gegründeten »Draeger Oxygen Apparatus Co.«, die später nach Pittsburgh, Pa., übersiedelte
- England/Dominions[1]: Richard Jacobson in London

---

[1] bis 1948 Bezeichnung für die sich selbst verwaltenden britischen Kolonien

- Russland: Repräsentanten in Kiew und im Donezgebiet
- Österreich: Dr. Otto Chnani in Mährisch-Ostrau
- Ungarn: Wilhelm Biro in Budapest
- Schweiz: Theo Schläfli in Zürich
- Frankreich: Professor Dr. Guglielminetti in Paris
- Dänemark: Sophus Falck

Die internationalen Rettungskongresse gaben uns jedoch den direkten Kontakt mit den Meinungsbildnern dieser speziellen Welt. Dort kamen wir mit Männern gleicher Ideen und gleicher Konstruktionsbemühungen zusammen. Bernhard Drägers vornehme Auffassung des objektiven Konstruktionswettstreits sah in allem auf gleichem Gebiet arbeitenden Freunde. Er betrachtete niemanden als Konkurrenz, denn alle hatten das gleiche humanitäre Ziel. Allzu lauter Anerkennung ging er gern aus dem Weg, nie aber Kritik oder Diskussionen.

Schon am ersten Tag in Wien traf er sich mit Rudolf Ritter von Walcher-Uysdal und Professor Dr. med. Gustav Gaertner, den Konstrukteuren des österreichischen Bergmann-Selbstretters »Pneumatophor«. Dabei waren auch Chefingenieur Jacques Taffanel von der Bergbau-Versuchszentrale Liévin bei Lens, der Äronaut Hermann Ritter von Schrötter, der Professor und Bergingenieur Alexander von Skotschinsky, Experte des Grubenrettungswesen in Russland, und der Grubenrettungsmann Oberbergrat Gustav Ryba aus Brüx. Bernhard Dräger war umringt von Koryphäen des bergmännischen Rettungswerks und Experten aus Arzt- und Laienretter-Kreisen, die ihm ihren Dank für die Pulmotor-Erfindung seines Vaters aussprachen. Nach einem solchen Tag wollte er abends meist allein sein. Bevor er in sein Zimmer ging, orakelte er:

»Wir scheinen etwas geleistet zu haben. Noch führen wir in der Welt. Doch morgen beginnt der Kampf.«

Am nächsten Tag, dem 11. September 1913, verfolgten wir – Bernhard Dräger, sein Assistent Ludwig Claren und ich – die Vorträge zum Thema »Rettungswesen im Bergbau und verwandten Betrieben«. Erschienen waren Vertreter fast aller Bergbaugebiete. Es fehlten Bergbauvertreter aus England und den USA sowie die englischen und nordamerikanischen Kritiker der Injektorgeräte: Sir John Cadman und die Männer des Bureau of Mines in Pittsburgh, Pa. Ohne es zu ahnen, befanden wir uns schon damals im Schatten des kommenden Krieges.

Redner waren an diesem Tag unter anderem Bergassessor Dr.-Ing. Richard Forstmann von der Hauptstelle für das Grubenrettungswesen in Essen-Ruhr und Bergassessor Hermann Grahn von der Abteilung »Taucherei und Grubenrettungswesen« der Bergschule in Bochum. Bergassessor Dr.-Ing. Forstmann erklärte:

»Aufgrund meiner Versuche ist der Schluss gerechtfertigt, dass Professor Cadman die mögliche Gefahr stark überschätzt und dass die vorgeschriebenen Prüfungen durchaus genügen, um die durch Undichtigkeiten etwa auftretende Gefahr zu beseitigen. Dort allerdings, wo die Atemgeräte nicht sorgfältig instandgehalten und wo sie vor der Ingebrauchnahme nicht richtig geprüft werden, kann aus den besprochenen Gründen das Leben des Geräteträgers gefährdet werden. In solchen Fällen kommen noch viele andere Gefahrenmöglichkeiten in Frage, die wenigstens ebenso groß sind. Die von Professor Cadman gezogene Schlussfolgerung, dass die Injektor-Atemgeräte zu verwerfen und durch solche ohne Injektor zu ersetzen seien, ist nicht berechtigt. Außerdem hat Professor Cadman übersehen, dass auch in die Atemgeräte ohne Injektor Außenluft eindringen kann.«

Bergassessor Grahn stellte fest:

»Erstens: Es ist möglich, Injektorgeräte so zu bauen, dass in ihnen bei sachlicher Benutzung und trotz gehöriger Arbeitsleistung nirgendwo Unterdruck entsteht. Zweitens, dass die Komposition der Atemluft in den Injektorgeräten eine bessere und somit die Regenerationstätigkeit eine intensivere ist als in den Atemgeräten ohne Injektor. Drittens, dass die von den Konstrukteuren der Injektorgeräte proponierte Arbeitsleistung von 36.000 mkg von dem neutralen Versuchsmann in der Übung und vom trainierten Rettungsmann in der Praxis nicht nur erreicht, sondern bis zu 50.000 mkg überschritten werden kann.«

Die Kritiker waren leider nicht erschienen.

Aus dem Zuhörerraum kamen vereinzelt Zwischenfragen zu möglichen Atemkrisen des Geräteträgers und zur Leistungsfähigkeit der im Verkehr befindlichen Kalipatronen. Zu schade, dass keiner der öffentlichen Kritiker anwesend war. Bernhard Dräger hätte dem Injektorstreit gerne ein Ende bereitet. Er ging auf die Zwischenrufe ein:

»Zu den sehr interessanten Ausführungen der Vorredner über Atemgeräte mit und ohne Injektor habe ich nichts hinzuzufügen. Ich muss aber mein Bedauern ausdrücken, dass die Herren aus England nicht erschienen sind. Da die Frage des Atemapparats mit oder ohne Injektor von England ausgegangen ist, wäre es wichtig gewesen, hier von Person zu Person Erfahrungen auszutauschen.«

Der Injektor war nur eines der Themen des Kongresstages. Bergrat Professor Dr. Tübben von der Königlichen Bergakademie Berlin forderte die Konstruktion eines vereinfachten, leichten Sauerstoff-Gasschutzgeräts als »Selbstretter« für jeden Bergmann:

»Wir wissen, wie mancher Bergmann nach den Schlagwetterkatastrophen der letzten Jahre auf der Flucht aus den Unglücksbauen den Nachschwaden zum Opfer fiel. Es gibt nach meinem Dafürhalten schon heute die Möglichkeit, den Bergleuten in schlagwettergefährdeten Gruben ein Klein-Gasschutzgerät auszuhändigen, das sie wie ihre Lampe zu den Arbeitspunkten mitnehmen und bei einem Unglück auf der Flucht durch böse Wetter[1] anlegen können.«

Alle Augen richteten sich fragend auf Bernhard Dräger. Was für eine Ehrung! Er jedoch saß nur starren Blickes an meiner Seite, und ich wusste: Die Konstruktion des geforderten Geräts hatte bereits begonnen. Ich flüsterte ihm zu:

»Es wird erwartet, dass Sie etwas sagen.«

»Muss das sein?«

Er stand auf und sammelte sich. Es wurde ganz still.

»Meine Herren, ich möchte mich ganz kurz mit der Anregung des Herrn Professors Tübben, einen ›Selbstretter‹ für den Bergbau zu konstruieren, beschäftigen. In meinem Rettungsmuseum zu Hause stehe ich oft mit Bewunderung vor dem von Direktor von Walcher-Uysdal und Professor Gaertner als Selbstretter konstruier-

---

[1] böse Wetter: durch schädliche Bestandteile veränderte Grubenluft

Die Gründung der Hauptrettungsstellen 95

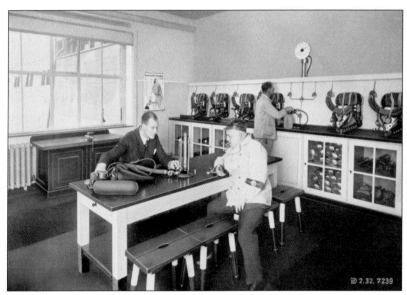

Geräteprüfung im Drägerwerk. Im Hintergrund: Zentralprüfung einer Gerätegruppe. Im Vordergrund: Prüfung eines Geräteteils. Dipl.- Bergbauingenieur Fritz Ruhe (links) am Tisch mit Johann Wilhelm Haase-Lampe.

ten ›Pneumatophor‹. Schöner und richtiger hat die Idee nicht gegeben werden können. Man mag die technischen Mittel vervollkommnen, aber die Idee als solche war reif.«

Aus einer der vorderen Reihen kam ein Seufzer. Jemand stützte einen niedergebeugten alten Mann. Der Mann war Rudolf Ritter von Walcher-Uysdal. Die ihm lange vorenthaltene und nun von einem derart respektierten Mann formulierte Anerkennung hatte ihn sichtlich bewegt. Dann fuhr Bernhard Dräger fort:

»Diese vortreffliche Grundidee des Apparates Walcher-Gaertner war die Basis aller Bemühungen, um zu der betriebssicheren Konstruktion zu kommen, die sich in den heutigen Sauerstoff-Rettungsapparaten darstellt. Der hier noch zu erstrebende und auch zu erwartenden Fortschritt besteht darin, alle Teile des Apparates immer mehr zu konzentrieren und die ganze Ausrüstung kompendiöser[1] zu gestalten. Für die Konstruktion eines Selbstretters ist es ausschlaggebend zu wissen, wie lange mit ihm geatmet werden soll: 5, 10 oder 30 Minuten. (Zurufe: Mindestens 30 Minuten!) Gewiss, auch ich bin der Meinung, dass eine halbstündige Atemdauer allgemein nötig sein wird. Ist man sich darüber klar, dann besteht die Möglichkeit, nach einiger Zeit, vielleicht schon in einem Jahr, eine brauchbare Konstruktion zu schaffen.«

Im November 1913 überreichte Bernhard Dräger den Prüfstellen das erste Modell des »Selbstretters«. Zur Erinnerung an die Vorgänge in Wien erhielt es die Bezeichnung »Draeger-Tuebben 1913«.

Aber noch bevor das Gerät dem Bergbau zugeführt werden konnte, wurde es an ganz anderer Stelle gebraucht. Der Erste Weltkrieg war ausgebrochen.

Nun diente der »Selbstretter« auf dem Schlachtfeld – im Gaskrieg!

Man orderte nun den Selbstretter für die deutschen wie österreichischen Soldaten. Ein Drägergerät inmitten chemischer Kampfhandlungen. Ausgerechnet der Wunsch, Menschenleben zu retten, führte in der Praxis zu kultur- und menschenvernichtender Mitwirkung. Die Tragik dieser Umkehrung belastete uns alle sehr. Von 112.221 »Selbstrettern Draeger-Tuebben«, einem Sauerstoff-Klein-Gasschutzgerät für halb- und einstündige Gebrauchsdauer, dienten 101.000 dem Gaskrieg. Das Gerät fand man in übernommener Konstruktion auch in Frankreichs Armeen. In Anerkennung des Drägerschen Erfindergedankens trug es die amtlich festgelegte Bezeichnung »Appareil Draeger«.

Der Internationale Rettungskongresses klang für uns damals aus mit den Worten von Walcher-Uysdals:

»Ich bitte, mein starkes Ergriffensein entschuldigen zu wollen. Ich danke für die Würdigung, die Bernhard Dräger dem von Gaertner und mir geschaffenen »Pneumatophor« zuteil werden ließ. Er hat dem Deutschen Museum in München ein Modell unseres Apparates mit einer überaus freundlich urteilenden Legende gewidmet, für die ich ebenfalls meinen tiefgefühlten Dank ausspreche.«

---

[1] kleiner, handlicher

England führte den »Injektorstreit« weiter. Treibende Kraft war das Ministerium des Inneren (1918/20). An den physiologischen und technischen Untersuchungen waren folgende Herren beteiligt: Professor Dr. J. S. Haldane, Professor Dr. Henry Briggs und William Walkner. Die Führung dieses Forscherkollegiums lag bei Haldane.

Eine große Anzahl der Grubenrettungsstellen in den englischen Kohlebecken war nach 1906 mit Dräger-Sauerstoff-Gasschutzgeräten des Injektorsystems ausgerüstet worden. Das Gerät befand sich auch im Dienst englischer Großfeuerwehren. Sir John Cadmans Kritik an den Dräger-Geräten sowie den ebenfalls injektorgesteuerten Meco-Geräten anderer deutscher Konstruktion hatte in der englischen Öffentlichkeit Unruhe hervorgerufen. Sie gründete auf einem tödlichen Unfall – da braucht es keine große Übertreibung, um Beunruhigung zu erreichen.

Das Forscherkollegium Haldane, Briggs und Walker prüfte den Bau aller bekannten Gerätetypen und bildete sich ein objektives Urteil bezüglich der jeweiligen Betriebssicherheit, ohne dabei folgende Tatsache außer Acht zu lassen: Würde an einem beliebigen Lungenkraftgerät durch Packkistennägel eine Undichtigkeit verursacht, so könnte der Ernstfallgebrauch jeder Geräteart zu einem tödlichen Unfall führen.

Im einem Zwischenbericht 1913/14 bezeichnete Haldane den Injektor als »eine Quelle ernster Komplikationen« dank möglicher Herabsetzung der Förderleistung durch Düsenverstopfung. Eine wenig überzeugende Argumentation, da jeder wusste, dass durch eine Düsenverstopfung auch die Sauerstoffdosierung in Lungenkraftgeräten beeinträchtigt werden würde.

Wurde der Injektor auch deshalb bekämpft, weil er aus Deutschland kam?

Die Untersuchungen gingen weiter. In den Veröffentlichungen 1917/18 der Herren Haldane, Briggs und Walker wird die englische Stellungnahme zum Injektor eindeutig. Sie kamen zu einer Ablehnung des Injektors unter folgenden Gesichtspunkten:
- Dank des Injektors ist der Geräteträger jedes Mal, wenn der Luftbedarf der Lunge größer ist, als durch die Luftzirkulationsmenge des Geräts gedeckt werden kann, gezwungen, ausgeatmete Luft für die Füllung der Lunge mit heranzuziehen

oder die Benutzung des Geräts wegen Luftmangels oder Überreicherung der Zirkulationsluft mit Kohlensäure aufzugeben. Dies kann lebensgefährlich sein. Der Fehler liegt in der durch den Injektor bewirkten Festlegung der Sauerstoff-Dosierung (auf 2 l/min) und der Zirkulationsluftmenge.
- Der Injektor hält einen Teil des Geräts unter konstantem Unterdruck, was im Fall einer undichten Stelle den Eintritt unatembarer Gase ermöglicht.

Bereits im Frühjahr 1914, sofort nach Abschluss der ersten Experimentalversuche, lud Haldane Bernhard Dräger nach Doncaster, um mit ihm die Untersuchungsergebnisse zu besprechen. Dieses erste und leider einmalige Zusammentreffen der beiden Männer war der Beginn einer systematischen internationalen Umstellung des Sauerstoff-Gasschutzgeräts vom Injektorsystem auf Lungenkraftantrieb und auf Einbau einer einfachen, unter 3 at Betriebsdruck stehenden Sauerstoff-Dosierdüse. Ganz ohne Spannungen verliefen die Gespräche natürlich nicht. Bernhard Dräger glaubte, einen Zusammenhang zu erkennen zwischen der Kritik an seinen Geräten und der wirtschaftlichen Bekämpfung der deutschen Geräteeinfuhr nach England. Als er jedoch Haldanes unantastbare Objektivität und die physiologisch wie technisch-chemisch überragende Untersuchungsarbeit erkannte, stand einer Kooperation nichts mehr im Wege. Er weihte Haldane nicht nur ein in Einzelheiten seiner neuen Konstruktionsideen, sondern auch in die Vorarbeiten, die zum Bau des »Selbstretters Draeger-Tuebben 1913« führten und Grundlagen der lungenautomatischen Sauerstoff-Zusatzdosierungen werden sollten. Welcher Vorteil für die oft temperamentvollen Fachdiskussionen, dass Haldane gut Deutsch sprach und das auch mit Vorliebe präsentierte.

Als Bernhard Dräger nach Lübeck zurückkam, hatte er die Taschen voller neuer Konstruktionspläne. Sie galten dem Bau eines Lungenkraftgeräts und eines weiterentwickelten Injektorgeräts. Alles andere hätte mich wahrscheinlich auch verwundert. Nach einem ausführlichen Bericht über die Gespräche in England sagte er seinem Vater und mir:

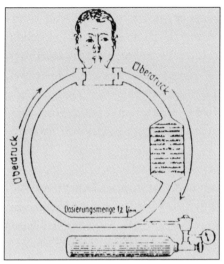

Im Gegensatz zum Grubenrettungsgerät mit Injektorantrieb herrscht im lungenautomatischen Gerät an allen Stellen Überdruck.

»Haldane ist ein Titan. Die Objektivität seiner Untersuchungen wird uns aus England hinausboxen. Seine Verbesserungsvorschläge werden der englischen Gasschutztechnik zugute kommen durch Mister Davis erfinderische Mitarbeit. Sind die englischen Geräte ebenso gut wie die deutschen, dann wäre es verständlich, wenn England die Einfuhr deutscher Geräte einstellen würde. So wird es kommen, und es ist sinnlos, eine selbstverständliche Entwicklung aufhalten zu wollen.«

Exakt so kam es. Seit Mitte 1914 orderte England keine deutschen Sauerstoff-Gasschutzgeräte mehr. Dann zerschlug der Krieg 1914/18 auch die restlichen wirtschaftlichen Beziehungen zu unserem britischen Absatzgebiet. Nur die zwischen Haldane und uns bestehende Freundschaft überdauerte das Kriegsgeschehen. Bernhard Drägers technische Pionierarbeit für den Ausbau des bergmännischen Rettungswesens in England blieb unter den führenden Grubenrettungsleuten des Landes und auch im dortigen Innenministerium anerkannt.

Haldane, Briggs und Walker erklärten im ersten Bericht der Untersuchungskommission für Grubenrettungsgeräte 1918:

Aus der von uns an allen Apparaten geübten Kritik darf nicht geschlossen werden, dass wir die Arbeit der Männer, die diese Apparate auf ihren heutigen Stand gebracht haben, nicht zu würdigen wissen. Nach unserer Meinung liegen die Ursachen der von uns festgestellten Mängel meistens in Einzelheiten. Werden die Geräte nach unseren Vorschlägen verbessert, dann dürften sie imstande sein, Rettungs- und Bergungsarbeiten unter den erschwerendsten Umständen zu leisten.

Kritik hin oder her, die Gedenktafeln, auf der die Zahl der in der Gastaucherarbeit gefallenen Männer festgehalten sind, ein Verzeichnis der mit ganzem Erfolg durchgeführten Rettungs- und Bergungsarbeiten, zeigten uns die Realität: Deutsche Injektorgeräte waren tausendfach an diesen Arbeiten beteiligt.

Die Stellungnahme der Experten des Bureau of Mines in Pittsburgh, Pa. – Dr. Yandell Henderson und Chefingenieur J. W. Paul – war der englischen sehr ähnlich. Dennoch: Über 2.000 Dräger-Injektorgeräte standen damals im Dienst des nordamerikanischen Grubenrettungswesens, aufgebaut unter der Führung des Bureau of Mines. Wie in England sicherten sie hier die schwierigen Anfänge des Rettungswesens in den Kohlen- und Erzrevieren. Drägergeräte wurden damals in Anerkennung ihrer humanitären Aufgabe unter Zollvergünstigung eingeführt. Seit 1917 bauten die Vereinigten Staaten eigene Sauerstoff-Gasschutzgeräte. Bevor jedoch das Bureau of Mines den Startschuss für den Bau eigener Geräte gab, bat man Bernhard Dräger 1915, die Konstruktionspläne eines neuen, von Professor Dr. William Gibbs entworfenen Sauerstoff-Gasschutzgeräts des Lungenkraftsystems, ausgerüstet mit lungenautomatischer Sauerstoff-Zusatzdosierung, zu bewerten. Der Eintritt der Vereinigten Staaten in den Krieg 1914/18 verhinderte eine weitere Zusammenarbeit. Die letzte für US-Amerika bestimmte Sendung der Dräger-Sauerstoff-Gasschutzgeräte des Injektorsystems verließ 1915 das Werk.

1922 schaltete sich das deutsche Reichsgesundheitsamt mit seinem Ausschuss für Gewerbehygiene in den Injektorstreit ein. Nach klärenden Beratungen und Untersuchungen konnte der Ausschuss sein Amt und die geladene Expertengruppe am 20. und 21. April

1922 über die Ergebnisse unterrichten. Die Führung lag bei Präsident Geheimrat Professor Dr. Bumm, die Berichterstattung bei Regierungsrat Dr. Engel. Versammelt waren alle im Rettungswesen führenden Männer des deutschen Bergbaus und der deutschen Atemphysiologie. Ich nahm stellvertretend für Bernhard Dräger teil. Noch nie war die Frage nach der Verantwortung von derart hoher Stelle an uns herangetragen worden. Wir unterzogen noch einmal jeden Punkt unserer Aufklärungs- und Ausbildungsarbeit einer genauen Prüfung. Wir gingen alle Kontrollmaßnahmen durch, die für das »R«-Gerät des Werks galten, und wir prüften die Akten aller Geräteunfälle, auf deren Basis jeweils Verbesserungen an Geräteteilen durchgeführt worden waren. Am Abend des letzten Verhandlungstages berichtete ich Bernhard Dräger:

Der Gewerbehygienische Ausschuss des Reichsgesundheitsamtes hält es nach dem jetzigen Stand der Wissenschaft und nach den Erfahrungen in der Praxis nicht für gerechtfertigt, behördlicherseits vor dem weiteren Gebrauch der Injektorgeräte zu warnen oder diese Geräte gar zu verbieten. Ob die Lungenkraftgeräte für bestimmte Verhältnisse den Vorzug verdienen, soll der Prüfung durch eine Kommission vorbehalten werden, die sich aus Mitgliedern des Ausschusses, aus Mitgliedern des Preußischen Ausschusses für das Grubenrettungswesen und aus anderen ärztlichen Sachverständigen zusammensetzen soll. Die Versammlung ist der Ansicht, dass die Injektorgeräte im Allgemeinen den zu stellenden Ansprüchen entsprechen, vorausgesetzt, dass die Geräte sorgfältig in gutem gebrauchsfähigen Zustand erhalten werden und die für das Arbeiten mit diesen Geräten in Betracht kommenden Mannschaften gut ausgebildet sind.

Man verlegte die Weiterbearbeitung der Injektoruntersuchungen in den Preußischen Ausschuss für das Grubenrettungswesen.

Inzwischen hatte Bernhard Dräger alle Injektor-Streitigkeiten von sich aus gelöst. Bereits Ende 1919 übergab er dem Bergbau, den Hütten und den Feuerwehren zwei neue, im amtlichen Zulassungsverfahren anerkannte Gerätetypen, die von der Gasschutzpraxis sehr schnell aufgenommen wurden. Es waren Geräte ohne

Bernhard Dräger löste den Streit auf seine Weise: durch eine Neukonstruktion.

Injektor – reiner Lungenkraftantrieb mit speziellen Vorrichtungen für Sauerstoffzusatz. Ende des Jahres 1922 bilanzierte Bergassessor Dr.-Ing. Forstmann auf Basis der Untersuchungsergebnisse des Preußischen Ausschusses für das Grubenrettungswesen:

Die in den letzten Jahren viel und heftig umstrittene Frage: »Injektorgerät oder injektorloses Gerät?« dürfte nach unseren Versuchen nur als eine Frage von sekundärer Bedeutung zu betrachten sein. Das Hauptaugenmerk muss darauf gerichtet werden, dass der Widerstand im Gerät so gering als möglich ist, damit zur Fortbewegung der Luft durch das Gerät ein möglichst geringer Druckunterschied genügt. Ist diese Aufgabe erfüllt, dann ist die Gefahr einer Undichtigkeit im Gerät, mit der – wie die Erfahrung zeigt – stets gerechnet werden muss, so gering als möglich. Übrigens ist dann auch ein Injektor unnötig.

Der »Injektorstreit« war offiziell beendet.

DAS SCHLAUCHLOSE DRÄGER-SAUERSTOFF-TAUCHERGERÄT

Die Jahre des Injektorstreits waren eine Zeit, in der die Welt allerdings mit weitaus schlimmeren Ereignissen zu kämpfen hatte. Beruflich wie privat standen wir alle vor ganz anderen Herausforderungen.

In den Versuchswerkstätten des Werks waren die Arbeiter mit der Konstruktion eines frei tragbaren, schlauchlosen Sauerstoff-Tauchergeräts beschäftigt. Bei dem von Bernhard Dräger und seinem Oberingenieur Hermann Stelzner konstruierten Sauerstoff-Tauchergerät handelte es sich um ein Injektorgerät. Hier übernahm der Injektor den Antrieb der Atemluftzirkulation: Absaugen der Ausatemluft aus dem Helm zur Kalipatrone und Zurückdrücken der regenerierten Luft in den Helm. Die Versuche begannen 1911 in Trave und Ostsee, 1914 galten sie als abgeschlossen.

Druckkammer für
Tieftauchversuche

Die Konstruktion und Herstellung schlauchloser Sauerstoff-Tauchergeräte, für die weltweit eine große Nachfrage bestand, bedeuteten eine weitere starke Verantwortung aller Beteiligten des Drägerwerks. Man wusste um die physikalischen und chemischen Vorgänge, die die Arbeit mit dem Medium Gas mit sich brachten. Gas war inzwischen betriebssicher nutzbar gemacht worden. Vorgänge der Sauerstoffdosierung, der Kohlensäureabsorption in einer Kalipatrone, Antrieb der Luftzirkulation durch Injektor waren bekannt. Im Tauchergerät traf das Gas nun auf das Medium Wasser und den sich mit der Tauchtiefe erhöhenden Wasserdruck. Es war ganz neuen Außeneinwirkungen ausgeliefert: tiefen Temperaturen und erhöhtem Außendruck (atmosphärische Säule plus je 10 Meter Tauchtiefe 1 at zusätzlich). Eine fast dreijährige Arbeit in der Versuchswerkstatt der Feinmechaniker und in den Labors der Atemschutzchemiker war nötig, bis die gekennzeichneten technisch-chemischen Vorgänge sichergestellt und die physiologischen Forderungen des Tieftauchens erkannt werden konnten. Dank der Mitarbeit des Tauchermeisters Arnold Gottlebsen und zweier Kollegen hatten Bernhard Dräger und Hermann Stelzner diese Sicherstellung Anfang 1914 erreicht. Eine physiologisch-experimentelle Nachprüfung der für Tiefseetaucher vorzuschreibenden Auftauchzeiten sollte die Versuchsarbeiten abschließen.

Während eines Tauchaufenthalts unter hohem Wasserdruck nehmen Gewebe und Blut Stickstoff auf, der beim Druckabfall während des Auftauchens in Gasform frei wird. Es bilden sich Gasblasen, die in den Geweben und in der Blutzirkulation ernste Störungen hervorrufen können, wenn es dem Körper nicht möglich ist, den gebundenen Stickstoff durch Atmung schnell genug wieder auszuscheiden.

Diese Stickstoffausscheidung soll beim Taucher während des Aufstiegs passieren. Die Dauer des Aufstiegs ist abhängig von der Höhe des auf dem Taucher an tiefster Tauchstelle lastenden Drucks und von der Aufenthaltsdauer unter diesem Druck. Je höher der Druck und je länger der Aufenthalt, desto länger auch der Aufstieg. Er kann durch Sauerstoffatmung verkürzt werden und ist individuell verschieden.

Professor Dr. John Scott Haldane legte nach umfassenden Versuchen für die Royal Navy bereits 1909 eine für die Stickstoffausscheidung geltende Auftauchtabelle fest, die Bernhard Dräger und Hermann Stelzner für ihre Tests vorlag.

Am 17. Juli 1914 war auf der Taucherstation im Drägerwerk alles bereit. Die Druckkammer für Tieftauchversuche und eine Großbatterie Druckgasbehälter für Pressluft und Sauerstoff waren zusammengeschlossen und warteten auf den Einsatz. Es war ein schöner Sommertag, fast zu schade, um ihn »unter« und nicht auf dem Wasser zu verbringen. Die Versuchsaufgabe lautete: Ermittlung der Lebensbedingungen unter einem Druck in 80 Meter Wassertiefe. Hermann Stelzner und Tauchermeister Gottlebsen standen bereit zum Einschleusen in den hohen zylindrischen Stahlkessel der Druckkammer. Eine ärztliche Untersuchung hatte ihre Leistungsfähigkeit bestätigt. Bernhard Dräger ging auf seinen Beobachtungsposten an Bullauge I, Taucheringenieur Otto Block assistierte ihm an Bullauge II, ich stand vor Bullauge III. Dr. med. Christern übernahm die medizinische Kontrolle. An den Druckregulierventilen und den Kesseltelefonen waren die Bedienungsmannschaften verteilt. Jeder kannte seine Aufgabe. Ab jetzt absolute Stille.

Stelzner und Gottlebsen, bekleidet mit Trainingsanzügen, ließen sich nachmittags um 14:35 Uhr einschleusen. Der Kesselabschluss wurde abgedichtet. Nach zehn Minuten begann die Druckluftzuführung, zunächst bis zu einem Überdruck von 1 at. In der Zeit von 14:45 Uhr bis 16 Uhr wurde der Druck allmählich auf 7,9 at gesteigert. Zwischen den Drucksteigerungen bis sieben at lagen Aufenthaltspausen von drei bis dreizehn Minuten. Die Drucksteigerung von sieben auf 7,9 at geschah nach einem Aufenthalt von 25 Minuten unter sieben at. Der Aufenthalt unter 7,9 at wurde auf sieben Minuten ausgedehnt. Um 1:30 Uhr nachts waren die beiden Taucher wieder im »Trockenen«, das Ausschleusen war beendet. Die Zwei verließen erschöpft, aber ohne gesundheitliche Veränderungen die Druckkammer. Die Aufenthaltsdauer unter Druck betrug eine Stunde und 32 Minuten, der Aufenthalt im Druckabfall – die Periode des Ausschleusens – neun Stunden und 28 Minuten.

Taucher in ihren Anzügen, ausgestattet mit Dräger-Apparaten

Ein beeindruckender Menschenversuch im Drägerwerk

Die Gesamtdauer des Versuchs lag bei elf Stunden. Stelzner schilderte uns seine Beobachtungen:

Bei 7,9 at rauchte ich eine Zigarette. Die Luft wirkte fast wie reiner Sauerstoff, nach zwei Zügen hatte ich ein vier Zentimeter langes Feuer an der Zigarette. Durch geringe Bewegung in der Luft oder durch Anblasen entstand an ihr sofort eine glänzende Flamme, die mit Vorliebe das Papier über dem Tabak wegfraß. Das Atmen war nicht eigentlich erschwert, aber ich machte unwillkürlich den Mund auf, um durch ihn zu atmen. Die Ventilation der Lunge durch Nasenatmung allein war nicht ausreichend oder doch unbequem, da infolge der Luftdichtigkeit eine vermehrte Reibung in den Nasenkanälen auftrat. Ich fühlte die Luft beim Atmen, als sei sie schwere, körperliche Flüssigkeit. Die Sprache änderte sich schon unter einem Druck von 1 at. Sie wurde unter 7,9 at so näselnd und lallend, dass wir uns nur schwer verstanden. Unter geringem Druck gelingt es nach kurzer Übung, wieder normal zu sprechen. Pfeifen ist unter 1 at nur nach längerer Übung möglich. Der Schall, durch Schlagen erzeugt, war lauter als unter atmosphärischem Druck. Fallversuche ließen die Dichte der Luft besonders deutlich erkennen. Gegenstände fielen ganz langsam und hin und her pendelnd zu Boden.

Beim Ausschleusen: Der Druckabfall war zu schnell vor sich gegangen. Es traten Hautjucken und während der letzten Pause geringe Gelenkschmerzen auf, die sich aber gaben, bevor wir die letzten 0,3 at ablassen wollten. Kaum war dies geschehen, als wir unter heftigen Schmerzen in allen Gliedern blitzartig zusammenbrachen, im Sinne des Wortes. Schnell wurde wieder Druck gegeben, die Schmerzen verschwanden. Zweimal noch versuchten wir, herauszukommen, immer wieder traten Schmerzen in allen Gelenken auf, die uns zwangen, wieder unter Druck zu gehen. Als zuletzt die Schmerzen nicht weichen wollten, überlegte ich, dass die Stickstoffblasen ihrer Größe wegen nicht vom Blut fortgeschwemmt oder aufgesaugt werden konnten. Ich ließ deshalb 0,5 at Druck geben, und die Schmerzen verschwanden. Wir blieben etwa 100 Minuten unter diesem Druck, und wir ließen ihn dann in 80 Minuten abfallen. Gesund kamen wir heraus. Wir hatten beide noch geringe Schmerzen im Handgelenk – es war am meisten bewegt worden – und der Tauchermeister hatte drei Tage lang eine geschwollene rechte Backe, die nach zwei Tagen etwas druckempfindlich wurde; diese Erscheinung blieb unerklärlich.

Da die Hälfte der Zeit des Druckzunehmens als Aufenthaltszeit unter dem Enddruck gerechnet werden kann, so waren wir rechnerisch 80/2 = 40 Minuten lang unter 7,9 at Überdruck.

Stelzners sachlicher Erzählweise nach zu urteilen hatte sich der unerträglichere Teil der Anspannung wohl auf uns außerhalb Stehende verteilt. Für mich waren es elf Stunden Dramatik.

Taucher mit Dräger-Apparat. Vordere (links) und hintere (rechts) Schauseite

Tauchersprung zum Abstieg in 22 Meter Tiefe

Mit ernstem Gesicht stand Bernhard Dräger auf seinem Beobachtungs- und Kommandoposten. Vor ihm lagen die Auftauchtabellen von Haldane. Die an den Versuchsmännern beobachteten Zusammenbruchserscheinungen waren aus diesen Auftauchtabellen nicht wirklich zu erklären. Haldane hatte die Berechnung der Auftauchzeiten nur bis zu einem Druck von 6,05 at durchgeführt. Unsere Premiere eines Experiments mit bis zu 7,9 war somit die Erweiterung dieser Tabelle. Ich schickte die Versuchsergebnisse sofort nach London. Haldane bestätigte den Empfang der Zahlen erst nach dem Krieg 1914/18, dann jedoch begleitet von einer ehrlichen Gratulation zur Erweiterung des physiologischen Gesamtbildes, die inzwischen längst fester Bestandteil der internationalen Taucher-Literatur geworden war.

Am Abend des 31. Juli 1914 lag die Taucherflottille des Werks vor Dahmeshöved, einem Kap der holsteinischen Ostseeküste. Seit zwei Tagen hatte Stelzner mit seinen Tauchern die Ergebnisse seines großen Druckkammer-Experiments auf schlauchlose Tauchergeräte für Tiefen bis zu 40 m übertragen. Wir fanden diese Tauchtiefe ostwärts des vor dem Kap gelegenen Steinriffs. Dem Tagestest sollte nun ein weiterer folgen – wir bereiteten einen nächtlichen Tauchgang vor. Geplant war eine Tiefe von 30 Metern.

Wenig war bekannt über die Auswirkungen hohen Luftdrucks auf den Menschen.

Gegen 22 Uhr wurde es langsam dunkel. Vom Mutterschiff, von dem aus Bernhard Dräger die Vorgänge verfolgte, leuchteten die großen Überwasserscheinwerfer auf. Drei Taucher in freitragbaren Sauerstoff-Tauchergeräten stiegen ab, ausgerüstet mit Brust- und Handleuchten. Vom Badestrand Dahme hörte man Musik. Auf laternengeschmückten Booten wurde in Strandnähe gefeiert. Da erreichte uns alle die Nachricht: Das deutsche Heer stand unmittelbar vor der Mobilisierung.

Die Musik brach ab. Die Lichter am Strand und auf dem Wasser erloschen. Wir schalteten die Scheinwerfer aus.

Es war Krieg.

*Heinrich Dräger
1914*

Der Weltkrieg 1914/18 und die Nachkriegszeit

Die Jahre des Krieges bedeuteten Arbeit, Schmerzen, Verpflichtungen und große Enttäuschungen. Das deutsche Kaiserreich brach zusammen.

In den ersten Kriegsmonaten war der Betrieb wie gelähmt. Wachgerüttelt wurde er auf unschönem Weg. 1914, als die Chemie in die Kampfhandlungen einzog, war Dräger aufgerufen, mit seinen Produkten die Landesverteidigung zu unterstützen.

Die Mitarbeiterzahl stieg um ein Vielfaches, darunter nun bis zu dreißig Prozent Frauen und Mädchen. Für die Herstellung von Kriegsgasmasken entstand eine von der traditionellen Fabrikation getrennte Abteilung – die »Sanitätsabteilung« – mit eigener Verwaltungsstelle. Für dieses neue Arbeitsgebiet konnte sich Bernhard Dräger nur schwer erwärmen, denn hier wuchs die Verantwortung ins Unfassbare. Der auf Höchstleistungen eingearbeitete Ingenieurstab des Werks und die hochgeschulte Werkmeistergruppe erreichten einen Fertigungsausstoß, den wir anfangs für unmöglich gehalten hatten.

Der Weltkrieg 1914/18 und die Nachkriegszeit

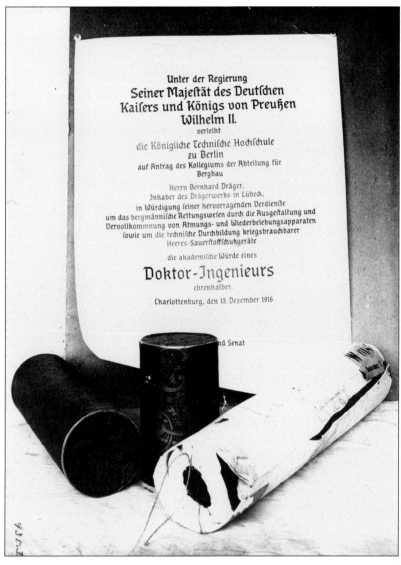

Im Kriegsjahr 1916 wurde Bernhard Dräger die Ehrendoktorwürde verliehen.

Der Qualitätsanspruch blieb natürlich der Gleiche. Neue Erfindungen für Hilfsmaschinen und chemische Verfahren am laufenden Band. Von Bernhard Dräger kamen Spitzenerfindungen für den Gerätebau des Sauerstoff-Gasschutzes, für Gasmasken, Einsatzfilter und Druckminderer. Dank seiner klaren Organisationsstruktur geriet nichts aus dem Ruder, er hatte den übermäßig schnell wachsenden Betrieb fest im Griff.

Nun musste das Drägerwerk der Kriegswirtschaft dienen.

Die Entwicklungen vollzogen sich ruhig, weil sie für das Werk keine Umstellung auf fachlich völlig fremde Arbeitsgebiete verlangten. Es konnte auf relativ eingefahrenem Gebiet weitergearbeitet werden. Damit war höchste Produktivität gesichert. Trotz harter Arbeit bei rationierter Ernährung herrschte Disziplin, absolute Ordnung und Sauberkeit in jedem Winkel der Werkplätze. Frau Elfriede Dräger sorgte sich um die werktätigen Frauen, die verwundet Heimkehrenden und tröstete die Kriegerwitwen.

Die Aufgaben selbst hielten uns hoch. Wir hatten etwas zu tun. Die Ausbildungsarbeit für das Grubenrettungswesen und für den Gasschutzdienst der Feuerwehren fand unverändert statt. Unsere Kriegsleistungen lagen im Soldaten- und Seemannsschutz sowie der Rettung Kampfstoffvergifteter.

Mitten im Kriegsgeschehen erhielt Bernhard Dräger die erste weitreichende Anerkennung seiner Ingenieurarbeit. Sie kam aus dem Gelehrtenkreis der Hochschule, die ihn ausgebildet hatte, der Technischen Hochschule Berlin-Charlottenburg. Man verlieh ihm die Ehrendoktorwürde für seine Verdienste um die technisch-chemische Entwicklung des Atemschutzes und die Sauerstoff-Gasschutzausrüstung des bergmännischen Rettungswesens.

DER TOD HEINRICH DRÄGERS

Am 29. Mai 1917 überraschte uns ein Ereignis, das uns tief erschütterte: Heinrich Dräger starb. Er, der alles, was er sich vornahm, auch zu schaffen schien, hatte den Kampf gegen eine schwer verlaufende Gesichtsrose verloren. Wir beerdigten ihn am 2. Juni 1917 auf dem Friedhof vor dem Burgtor in Lübeck. Tausende schlossen sich dem Trauerzug an.

Heinrich Dräger hatte gehofft, das Ende des Krieges noch mitzuerleben. Er hatte gehofft, die Heimkehrer zu begrüßen. Er wollte helfen, so gut er konnte. Er liebte die Menschen und stand auf gegen diesen maschinellen und chemischen Mord. Der Krieg ließ ihn in einigen Momenten tief verbittert. Er war ein sehr aktiver Mensch und nahm die Dinge in die Hand, nur diesen Zeiten gegenüber war er machtlos.

Als ich später an dem Tag am Arbeitszimmer des »alten Herrn« vorüberging, hielt es mich fest. Ich öffnete die Tür und schaute hinein. Es lag noch alles, wie Heinrich Dräger es an seinem letzten Tag hier geordnet hatte. Wie oft hatte er hier gute Tipps gegeben, seine Männer unterstützt oder auch berechtigt zurecht gewiesen. Ich schloss leise die Tür.

In dieser Aufnahme vom Mai 1917 haben sich drei Generationen zusammengefunden (v.l.n.r.): Heinrich Dräger (18 Jahre), Bernhard Dräger (12 Jahre), Heinrich Dräger (69 Jahre) und Bernhard Dräger (41 Jahre)

Wirren der Nachkriegszeit

Am 6. November 1918 kamen die Männer endlich nach Hause. Mit ihnen wilde Ideen von Revolution und Republik. Diese war hier, schon lange bevor sie in Berlin ausgerufen wurde. Die Menschen demonstrierten, Fensterscheiben in den Geschäftsstraßen wurden eingeworfen, Läden geplündert. Weder Polizisten noch Offiziere schritten ein. Einige besonnene Linkspolitiker und Gewerkschaftsleute stellten eine labile Ordnung her. Erste Geschäfte öffneten. Soldaten- und Arbeiterräte begannen zu tagen. Eine Bürgerwehr gliederte sich ein. Jeder versuchte, ins Leben zurückzufinden. Der Krieg war offiziell vorbei. Doch die Lage blieb angespannt.

Bernhard Dräger versammelte die Belegschaft um sich. Über Nacht hatte er Sofortmaßnahmen durchdacht und festgelegt. Über 2.000 Personen gehörten damals dem Werk an. Das Sofortprogramm bestimmte:

- Sicherstellung sämtlicher Materialien
- Einrichten von Werkstätten und Maschinenpark
- Tag- und Nachtdienst in der Telefonzentrale
- Verschärfte Eingangskontrolle für Menschen und Fuhren
- Sofortiges Feststellen der Auftragsbestände, die für Friedensaufgaben in Betracht kommen könnten
- Sofortige Arbeitsaufnahme auf Basis neu einzuteilender Fertigungspläne

Anarchistische Tendenzen sollten frühzeitig unterbunden werden.

Zwei Wochen später lief der Betrieb wieder auf Hochtouren. Die Frauen verarbeiteten Textilien zu Kleidung, Wäsche und Gardinen. Elfriede Dräger übernahm die Leitung der Schneiderei. Die Schusterwerkstatt kümmerte sich um das lädierte Schuhwerk der Werkangehörigen.

Im Land begann man mit der Demobilmachung. Das Ganze wirkte eher wie ein Versuch, man konnte nur hoffen, damit das gewünschte Ziel zu erreichen. Man tat alles, um die Belegschaften in den Betrieben zu halten, ihre Arbeitsplätze zu sichern. Die Straßen waren schon genug gefüllt mit Menschen, die nach Arbeit und Brot riefen.

Kaffee-Koch- und Ausgabestelle; Kaffee-Transporteimer

Mit dem Aufruf der Arbeiterausschüsse begann die Demokratisierung des Betriebslebens. Für Dräger nichts Neues. Seit vierzehn Jahren hatte das Werk seinen Arbeiterausschuss, der nun so gut wie wiedergewählt wurde. Es gab Versuche kleinerer Gruppen, den Betrieb an sich zu reißen, doch jeder Ansatz von Meuterei konnte noch im Keim erstickt werden. Bernhard Dräger rief einen Verwaltungsausschuss an seine Seite, bestehend aus Abteilungsleitern und Vertretern des Arbeiterausschusses. Die Ziele waren klar: Erhaltung des Werks auf alter Konstruktions- und Fertigungsgrundlage, Überbrückung der Demobilmachungszeit und Wiederherstellung der Betriebsproduktivität.

Die Praxis sah anders aus: Die Produktivität sank von Monat zu Monat. Korruption schien sich einzuschleichen. Von der Akkordarbeit der Kriegsfertigung kehrten wir zum Zeitlohn zurück. Die Produktivität sank weiter. Wir wechselten in das Prämien-Lohnsystem. Vorübergehender Anstieg der Fertigungsziffern. Wir führten für große Betriebsabschnitte den Akkordlohn wieder ein. Weiterer Anstieg der Zahlen – gefolgt von einem ebenso rasanten Absinken. Ein zweiter Versuch mit einem Akkord-Prämiensystem. Dieselbe Auf- und Abwärtsbewegung. Über den Punkt der Bezahlung konnten wir die Nachkriegspsychose nicht eindämmen. Das Betriebskapital nahm ab. Unsere bisherige Unabhängigkeit wurde durch die notwendige Aufnahme diverser Bankkredite Vergangenheit. Das äußere Ziel war, die Gasschutzausrüstung des Bergbaus, der Hütten, Feuerwehren und der Industrie wieder aufzubauen und den Ruf eines leistungsfähigen Werks zu halten oder wiederherzustellen. Das innere Ziel hieß, ein neues, stabiles Verantwortungsgefühl innerhalb der Belegschaft zu verwurzeln.

Bernhard Dräger hatte inzwischen mit einer Reihe wichtiger Neukonstruktionen begonnen. Bis zur Fabrikationsreife war es nur noch ein kurzer Weg. Doch das Werk drohte, seinen Dispositionen und den Bemühungen des Verwaltungsausschusses zu entgleiten.

Erhebliche Verluste gefährdeten den Fortbestand des Werkes.

Am 1. August 1919 rief Bernhard Dräger die Belegschaft noch einmal zusammen. Er legte die Fakten auf den Tisch: Die Produktivität sank dramatisch, teils durch Materialnot, teils durch die Unterernährung der Arbeiter sowie durch eine sich immer stärker ausbreitende Arbeitsunwilligkeit. Natürlich beeinflusste das Eine das Andere. Die seit dem 1. Januar 1919 entstandenen Werksverluste hatten die Million-Mark-Grenze überschritten. Er sehe sich gezwungen, an eine vorübergehende Stilllegung des Betriebes zu denken, um den Wiederaufbau zu organisieren und den katastrophalen Anstieg der Verluste einzudämmen. Die Belegschaftsziffer war inzwischen auf 406 gesunken, 78 Beamte und 328 Arbeiter. Bereits einen Tag später begannen die Verhandlungen mit dem Demobilmachungskommissar Dr. Link, den Ausschüssen der Angestellten und Arbeiter.

Bernhard Dräger ging bis an seine Grenzen. Seine Entschlossenheit und sein Verantwortungsgefühl imponierten allen Beteiligten. In der entscheidenden Verhandlungsreihe vor dem Demobilmachungskommissar, Vertretern des Senats des Freistaates Lübeck, der Arbeitsgemeinschaft des Arbeitgeberverbandes Gruppe II und den Werkausschüssen erklärte der Lübecker Fabrikant Heinrich Thiel:

Ich war erschrocken über den niedrigen Auftragsbestand des Werks. Meiner Meinung nach muss es einen konstanten Auftragsbestand für drei Monate haben mit einem Mindestbetrag von 1½ Millionen Mark, um einigermaßen durchzukommen. Wie das von dem Werk unter den gegenwärtigen Verhältnissen fertiggebracht werden soll, das ist mir ein Rätsel.

Ich bin zu dem Ergebnis gekommen, dass die von Dr. Dräger angebahnten Maßnahmen das einzig Richtige sind. Das Werk bringt ausschließlich Produkte der Feinmechanik auf den Markt, die durch viele Patente geschützt waren. Diese Patente sind wertlos geworden durch ungehinderte Nachahmung. Die in diesen Patenten steckenden Kosten und die für sie verwendete Intelligenz sind für Deutschland verloren. Erst mit der Zeit kann ein Ausgleich erreicht werden. Um diesen Ausgleich herbeizuführen, sind neue Erfindungen, neue Versuche nötig. Wir können überzeugt sein, dass Dr. Dräger nach dieser Richtung hin seinen Mann stehen wird. Aber in einem Betrieb, der mit Verlust arbeitet, können solche Versuche nicht durchgeführt werden. Wir helfen dem Drägerwerk, indem wir versuchen, die Arbeiter, die es augenblicklich nicht beschäftigen kann, anderweitig unterzubringen.

Bernhard Dräger erklärte:

Wir kämpfen um unsere Existenz und für die ungeheuren Verpflichtungen, die wir dem Sauerstoff-Rettungswesen in der Welt gegenüber auf uns nahmen. Es ist nach meiner Überzeugung das einzig Richtige, wenn sich die Arbeiterschaft mir anvertraut, wie sie es seit Jahren getan hat. Jeder Eingriff von außen stört nur die neue Organisation. Es ist doch selbstverständlich, dass das Werk nicht einfach rasiert werden soll. Wir – mein Vater und ich – haben unsere Lebensarbeit in das Werk hineingegeben. Je mehr Ruhe man mir lässt, desto schneller und besser wird der Aufbau vor sich gehen, desto früher wird es gelingen, die Ausgaben mit den Einnahmen in Einklang zu bringen.

Aber vielleicht ist es zweckdienlich, wenn ich mitteile, wie ich über die allgemeine Stellung des Drägerwerks in unserem heutigen Wirtschaftsleben denke. Die Geräte des Werks sind solche besonderer Art. Die Preise der mit großen Versuchskosten konstruierten Geräte konnten so normiert werden, dass wir nicht gezwungen wurden, das letzte aus den Knochen unserer Mitarbeiter herauszuholen. Wir hatten dennoch einen Gewinn, unsere Angestellten und Arbeiter ein gutes Auskommen. Damals – vor dem Krieg – waren jedoch alle Fabriken, die gewöhnliche Bedarfsartikel herstellten, untereinander einer drückenden Konkurrenz ausgesetzt. Das Drägerwerk hat solche Konkurrenzkämpfe bis jetzt nicht durchgemacht. Persönlich allerdings habe ich solche Konkurrenzkämpfe kennen gelernt, als wir noch Bierdruckapparate herstellten. Aber mein Vater und ich haben uns aus diesen Kämpfen hinausgerettet durch den Sauerstoff. Der Sauerstoff ist auch ferner unser Feld, auf dem wir Großes leisten können.

Das Werk wurde nicht stillgelegt. Am 9. Oktober 1919 um 15 Uhr standen 110 Arbeiter, 29 Lehrlinge und 40 Angestellte im großen Lichthof und warteten auf ihren Chef. Der sprach zu ihnen:

»Ich bitte, das alte Vertrauensverhältnis zu mir, zu meiner Familie und zur Betriebsleitung aufrecht zu erhalten, dann wird es gelingen, das Werk wieder gedeihlich zu machen und die Räume wieder zu füllen. Wenn Zweifel vorhanden sind, dann soll sich die Arbeiterschaft unmittelbar an mich oder an die Oberingenieure wenden; oder sie soll sich durch den Mund ihrer Vertretung, den

Das Fabriktor des Drägerwerks um 1920

Arbeiterausschuss, Gehör verschaffen. Es wäre ein Verbrechen zu denken, ich könne damit zufrieden sein, wenn das Drägerwerk kleiner und kleiner würde. Ich habe nicht eine ganze Lebensarbeit in das Unternehmen gesteckt, um in Zeiten der Not die Flinte ins Korn zu werfen. Das tut kein echter Dräger!«

Bereits vier Monate später hatte das Werk den Produktionsstand von 1914 zurückerobert, ihn in der Abteilung der Autogengeräte sogar übertroffen. Die alten Mitarbeiter waren fast alle zurück. Es ging schnell aufwärts. Der 1918 begonnene Bau eines zweiten Hochteils für den Werkstättenbetrieb und der Neubau einer Erweiterung des Verwaltungsgebäudes wurden fortgesetzt und 1921 abgeschlossen.

Die Kehrtwende war geschafft.

DIE HEIMSTÄTTEN-GESELLSCHAFT

Jahre vorher – Anfang 1910 – gründeten und finanzierten Heinrich und Bernhard Dräger zusammen mit 16 anderen Lübecker Gesellschaftern – darunter Senator Dr. Georg Kalkbrenner und Baurat Carl Mühlenpfordt – die Heimstätten-Gesellschaft mbH in Lübeck. Gemeinnütziges Ziel war, kleine ländliche Anwesen für Arbeiter und ihre Familien zu schaffen und deren Kauf zu fördern. Die Heimstätten-Siedlung entstand in relativer Nähe zum Drägerwerk.

Es wurden Häuser in drei Versionen gebaut. Die Versionen I und II entstanden auf 600 Quadratmeter großen Grundstücken und kosteten bis zu 6.000 Reichsmark, die Version III mit großzügigerer Raumaufteilung auf 1.000 Quadratmeter Fläche für etwa 10.000 Reichsmark. Zur Fortsetzung des Projektes stellte das Werk bis 1937 rund 1,2 Millionen Mark bereit. Dr. Heinrich Dräger, Bernhard Drägers ältester Sohn und Nachfolger als Werkchef, sagte über die Siedlungsarbeit und ihre Finanzierung:

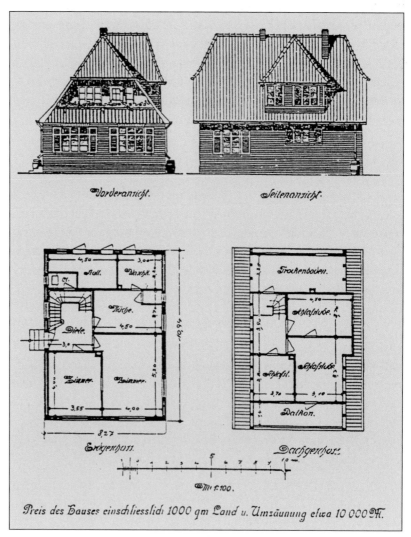

Grund- und Aufriss eines Siedlungshauses der »Heimstätten-Gesellschaft mbH«

Zur Rechtfertigung dieser Leistung sei gesagt, dass die Stammbelegschaft durch Pflege der technischen Tradition den heutigen Ruf und die heutige Stellung des Werks mitbegründet hat und dass sie es daher verdient, an den mühsam erarbeiteten Erfolgen beteiligt zu werden. Da diese Leistungen keineswegs bei der Kalkulation der Verkaufspreise als Kosten mit zugrunde liegen, handelt es sich nicht um »Geschenke an die Belegschaft«, die auf Auftraggeber und Besteller abgewälzt werden, sondern um Stärkung des Leistungswillen durch individuell zugeteilte Leistungsprämien auf Kosten des Unternehmergewinns.

WEITERENTWICKLUNG DER SAUERSTOFF-GASSCHUTZGERÄTE

Eine Fülle wichtiger Arbeit wartete auf uns. Um systematisch vorzugehen, mussten wir in den großen Kohlenbecken des Westens und Ostens feste Stützpunkte unserer Versorgungsarbeit schaffen. So gründete das Drägerwerk für folgende Regionen Niederlassungen:

- Ruhr und Rhein: in Essen, 1919
- Ober- und Niederschlesien: in Beuthen, 1923
- Saarbecken, Minettegebiet einschließlich Luxemburg und Longwy-Briey: in Straßburg-Metz (Firma Bach & Co.), 1920
- Pribam, Brüx, Falkenberg, Karwin, Mährisch-Ostrau: in Prag (Firma Günthers Eidam), 1920
- Wien und Kiew: Ausbau der dortigen Dräger-Stützpunkte, 1921

Zudem nahm man die Beziehungen zur Sowjet-Handelskommission in Berlin durch die seit 1918 in der Karlstraße existierende Werkniederlassung auf. Verantwortlicher Leiter war damals Dr. Ernst Silten, der Gründer der Sauerstoff-Zentrale Berlin.

Die innere Organisation des Betriebes in der Lübecker Zentrale in drei Oberingenieur-Abteilungen unter Leitung durch den Werkchef blieb erhalten.

Das entscheidende Zukunftsprojekt jedoch war Bernhard Drägers Konstruktionsarbeit. Die Umstellung des Gasschutzgerätesbaus vom Injektorantrieb zum Antrieb der Atemluftzirkulation durch Lungenkraft musste in einem Zug geschehen. Dieser Druck bestärkte innerhalb des Werks nur eines: den unerschütterlichen Glauben an das schöpferische Potenzial des Chefs. Diese Gewissheit spornte nicht nur ihn zu Höchstleistungen an, sondern auch jeden seiner Ingenieure.

Aus den über eine Schutzwirkung hinausgehenden Anforderungen des Krieges entstand auf Basis des Selbstretters Draeger-Tuebben das Heeres-Sauerstoff-Schutzgerät (HSS-Gerät 1916), ein Lungenkraft-Kreislaufgerät für einstündigen Gebrauch für Feldärzte und Sanitätsmannschaften. Die Sauerstoffzufuhr geschah manuell. Auf der Konstruktionsgrundlage dieses Gerätes entwickelte Bernhard Dräger die Gerätemodelle der Bauabschnitte 1919 und 1920/21. Die Nachfrage war groß, denn die Gerätebestände im Bergbau, in den Hütten und bei den Feuerwehren mussten erneuert oder wiederaufgefüllt werden. Die Bestellungen waren derart umfassend, dass Fertigungsengpässe vorprogrammiert waren. Bernhard Dräger sah sich gezwungen, Gerätetypen der Entwicklungsabschnitte 1919 und 1920/21 bereits der Gasschutzpraxis zuzuführen, um den Anforderungen der Rettungsorganisationen gerecht werden zu können. Obwohl diese Zwischenlösungen eine volle Schutzwirkung garantierten, fiel ihm die Freigabe schwer. Zu viele Optimierungsmöglichkeiten schwirrten noch in seinem Kopf herum. Die Orderzahlen waren verlockend, doch Bernhard Dräger hätte auf den Umsatz verzichtet. Er war sich jedoch bewusst, hier ging es um weit Wichtigeres als ein Erfinderego.

Die Geräte dieser Periode waren jahrelang bestens im Einsatz. Die Optimierungen ließ man natürlich trotzdem nicht unter den Tisch fallen. In den Laboren und Werkstätten ging es hoch her.

Injektorlose Sauerstoff-Schutzgeräte (Modelle 1915/1920):
Selbstretter Dräger-Tübben (Halbstundengerät; links) und Dräger-
Heeres-Sauerstoff-Schutzgerät (Einstundengerät; rechts)

 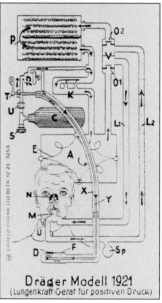

Lungenkraft-Dosierungsgerät »Draeger 1921«

Der Träger eines Sauerstoff-Gasschutzgeräts ist von Zuführung äußerer Luft unabhängig; das Gerät versorgt ihn mit sauerstofffreicher Atemluft, seine Ausatemkohlensäure wird chemisch gebunden. Er ist geschützt gegen unatembare Umluft, sei sie sauerstoffarm oder giftig.

Der Sauerstoffvorrat ist in einem für zweistündigen Gebrauch bestimmten Gerät auf 300 Liter begrenzt. Der Sauerstoffbedarf des Geräteträgers ist abhängig von seiner jeweiligen Arbeitsleistung. Der im Wegesystem zirkulierende Atemluftstrom, angetrieben durch Injektor oder Lungenkraft, wird durch eine ständig zufließende Sauerstoffmenge aufgefrischt. Diese wird fest eingestellt, basierend auf Erfahrungs- oder durch Messungen kontrollierte Werte. In Injektorgeräten und den später erscheinenden Lungenkraftgeräten betrug die konstante Dosiermenge 2 bis 2,3 Liter pro Minute. In den Nachfolgemodellen der ersten Lungenkraftgeräte wählte Bernhard Dräger die für mittlere körperliche Leistung arbeitsphysiologisch gut begründete konstante Sauerstoffdosierung von 1,5 Liter in der Minute. Überschritt in Injektorgeräten der Sauerstoffbedarf des Trägers die 2-Liter-Leistung der Düse, musste der Mehrbedarf durch ein von Hand zu bedienendes Sauerstoffzusatzventil gedeckt werden. Für die ersten Modelle der Lungenkraftgeräte mit 1,5-Liter-Dosierung wurde für Sauerstoffzusatzgaben ein Druckknopfventil gebaut, ebenfalls manuell zu bedienen.

Der Sauerstoffvorrat musste unter harten Arbeitsbedingungen reichen.

Das bedeutete im Umkehrschluss, der Träger selbst hätte Sauerstoffverbrauch und Dosierung zu überwachen und dafür zu sorgen, notfalls eine Hand zur Bedienung des Sauerstoff-Ventils frei zu haben. Einen stark erhöhten Sauerstoffverbrauch hat der Träger in den schwersten Phasen seiner Rettungsarbeit, Zeiten also, in denen er seine Hände nicht zwingend für Dosierventile frei hat. Keine Ideallösung für die Praxis. Für die aufwändigen Bergungs- und Transportarbeiten entstand daher die Forderung nach einem automatisch auslösbaren Sauerstoffzusatz. Der Franzose Rouquayrol hatte eine ähnliche Idee bereits 1872, damals führte sie mit dem Hochdruck-Frischluftapparat zu einer Teillösung. Bernhard Dräger griff die Konstruktion des Franzosen nun auf. Sir W. E. Garforth, einer der Pioniere des englischen Grubenrettungswesens,

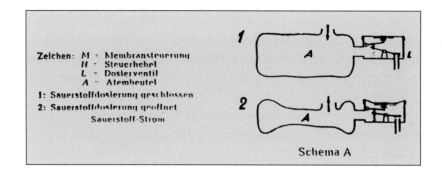

Schema A

hatte sich bereits um 1907 mit dem Hochdruck-Frischluftapparat befasst und die Idee einer membrangesteuerten Sauerstoff-Dosierung entwickelt. Hier knüpfte Bernhard Dräger an. 1919 baute er speziell für Sauerstoff-Gasschutzgeräte ein Druckminder- und Dosierventil und nannte es »Depressionsautomat«.

Die Wirkungsweise dieser durch Lungenkraft betätigten Sauerstoffdosiersteuerung ergibt sich aus Schemabild A. Die zusätzliche Sauerstoffversorgung wird ausgelöst, sobald im Atembeutel nicht mehr genügend Luft zum Füllen der Lunge vorhanden ist. In diesem Augenblick entsteht durch die Saugwirkung des Einatemvor-

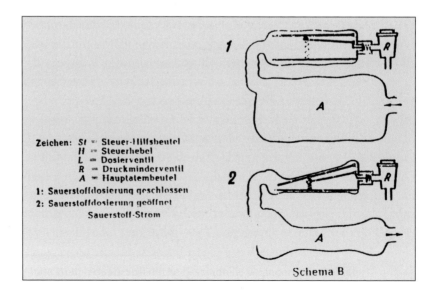

Schema B

gangs ein Unterdruck, der durch eine Rohrverbindung zum Depressionsautomaten führt, dort eine große biegsame Fläche M ansaugt und über ein Hebelwerk H das Dosierventil betätigt. Das Ganze geschieht bei einem Unterdruck von 1 bis 2 Zentimeter WS.

Der im Wechsel von Über- und Unterdruck arbeitende Depressionsautomat war umschlossen von einem festen Gehäuse, in dem sich als Steuerorgan die Membran bewegte. In einem zweiten Versuchsgerät des Jahres 1919 veränderte Bernhard Dräger die starre Außenhülle. Stattdessen konstruierte er in einem kleinen Gummibeutel, verbunden mit dem Atembeutel A, eine bewegliche, sauerstoffventilsteuernde Druckplatte, die – im Zusammenspiel mit dem Steuerhebel H – bei einem im Hauptatembeutel A und im Steuerhilfshebel St auftretenden Unterdruck als Steuerorgan für ein Sauerstoffdosierventil wirkte (siehe Schemabild B). Bernhard Dräger bezeichnete auch diese Apparatur, die zum ersten Mal das Prinzip eines Steuerhilfsbeutels zeigte, als »Depressionsautomat«. Beide Versuchsgeräte des Jahres 1919 waren für rein lungenautomatische Sauerstoff-Dosierung gebaut, es gab keine konstante Sauerstoff-Grunddosierung.

Im Februar 1922 schuf Bernhard Dräger die Grundlagen für eine technische Weiterentwicklung. Sein damaliges Versuchsgerät verfügte als erstes Modell über eine Dosierkombination – festeingestellte Sauerstoffdosierung plus lungenautomatische Sauerstoffzu-

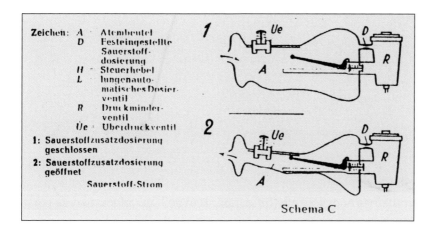

Lungenautomatischer Steuerhebel H

Schema D

satzdosierung. Diese Kombination fand sich – in Verbindung mit einem selbsttätigen Überdruckventil – in allen lungenautomatischen Geräten der Modellreihe des Jahres 1923. Ein Wendepunkt des Gerätebaus mit unmittelbarer Rückwirkung auf die internationale Gerätetechnik.

Bernhard Dräger verlegte in gemeinsamer Arbeit mit seinem Assistenten Alfred Christensen (Ludwig Claren hatte das Werk kurz nach Ende des Kriegs verlassen) die lungenautomatischen Steuermechanismen aus dem Steuerhilfsbeutel in den Atembeutel A (siehe Schemabild C). Der Steuerhilfsbeutel fiel nun weg.

Der Steuerung dient ein frei in den Atembeutel ragender Hebel H mit einer festen Auffangunterlage (siehe Bild D). Bei erhöhter Saugwirkung des Einatemvorgangs, also auftretendem Unterdruck, fallen die Wände des Atembeutels A zusammen. Sie drücken den Steuerhebel H in Richtung der Auffangunterlage herab, der Steuerhebel H überträgt den Druck der Beutelwände auf einen Steuernocken, der das Speiseventil L für Sauerstoffzusatz öffnet. Füllt sich der Atembeutel A mit dem von der fest eingestellten Dosierung D gegebenen Sauerstoffzustrom (1,5 Liter pro Minute) und der zusätzlichen Sauerstoffmenge der lungenautomatischen Dosierung L, bläht sich der Beutel auf. Der Druck der Beutelwände auf den Steuerhebel L wird aufgehoben; das lungenautomatische Druckventil L für Sauerstoffzusatz schließt. Dieser Vorgang wiederholt sich bei jedem erhöhten Sauerstoffbedarf. Damit war ein noch nie da gewesenes Angleichen an die Physiologie der Atmung erreicht worden. Die internationale Gerätetechnik stand Kopf.

Bernhard Dräger machte weiter. Nächstes Ziel war eine lungenautomatische Dosierung mit Doppelsteuerhebel und Doppelventil (siehe Schemabild E), um die technischen Vorbedingungen für ein rein lungenautomatisches Sauerstoff-Gasschutzgerät zu schaffen. Um Stickstoffvergiftungen zu verhindern, erfolgte die Sauerstoffversorgung durch zwei nacheinander lungenautomatisch zu betätigende Ventile. Die lungenautomatische Hilfsspeisung mit Sauerstoff durch Betätigung des Ventils I, die vor allem der Vorbeugung gegen eine Stickstoffvergiftung dient, tritt ein bei einem Unterdruck von 1 bis 1,5 Zentimeter WS, also sobald die flache Atmung durch eine etwas tiefere abgelöst wird. Die lungenautomatische Hauptspeisung durch lungenautomatische Betätigung des Ventils II tritt erst ein, wenn bei größerem Luftbedarf der Atembeutel A durch starke Atmung fast völlig entleert ist. Die Beutelwände klappen zusammen. Die sich zwischen ihnen befindende Hebelmechanik öffnet das Hauptsauerstoffspeiseventil II bei einem Unterdruck von zwei bis drei Zentimeter WS. Diese Hauptsauerstoffspeisung geschieht nur bei schwerer Arbeit, dann etwa alle dreißig

Die Optimierung der Geräte ging Schlag auf Schlag.

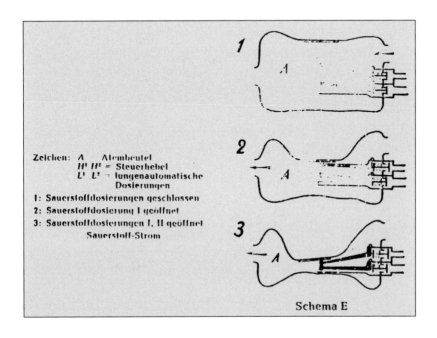

Schema E

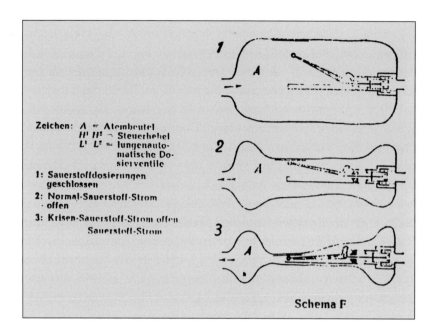

Schema F

bis sechzig Sekunden, alternativ bei jedem 10. bis 20. Atemzug. Das Gerät bedurfte keiner festeingestellten Sauerstoffdosierung zur Behebung der Stickstoffgefahr.

Dipl.-Ing. Alfred Christensen vereinfachte das beschriebene Zweihebelventil 1927 durch Beseitigung des zweiten Steuerhebels und durch eine kombinierte Auslösung für Normal- und Krisen-Sauerstoff-Strom im Ventilgehäuse selbst. Die Wirkungsweise ergibt sich aus Schemabild F.

Bernhard Dräger war auf dem Höhepunkt seiner Karriere. Keine Konstruktion ohne eigene Erfindung, kein Geräteversuch ohne Einsatz des eigenen Körpers, immer diszipliniert und ausdauernd, trotz oft heftiger Migräneattacken.

Ein großer Zeiträuber waren die Patentprozesse, die Erfindungen oft mit sich brachten. Er erzählte von den zähen Verhandlungen um die Schutzrechte des Werks:

Ich will etwas sagen über das Werden und Wirken eines Fabrikanten. Da steht zunächst im Vordergrund seines Interesses das Erfinden. Eine

Erfindung wird vom allgemeinen Publikum in der Regel mit einem Nimbus umgeben. Das Patentgesetz sagt vom Begriff des Wortes »Erfindung«: Patente werden erteilt für neue Erfindungen, die eine gewerbliche Verwertung gestatten.

Das Erfinden ist eine Tätigkeit der Fantasie, Neues zu gestalten. Erfinden soll zum Konstruieren führen. Das ist die Tätigkeit, einen neuen Erfindergedanken in Maß und Verhältnis zu bringen. Dabei ist es nicht ausgeschlossen, den Konstrukteur bei jeder Einzelheit einer wertvollen Konstruktion erfinderisch tätig zu sehen. Mit den Anfängen des Konstruierens beginnt die wichtigste Arbeit des Erfinders. Bis dahin hat die Erfindung nur in seiner Fantasie gelebt. Folgt er nun seinen Konstruktionsgedanken, dann findet er bald, wie viele Streiche ihm die Tücke des Objekts spielt. Er muss ständig wieder umarbeiten, und er kommt nur langsam vorwärts. Er muss, wenn er schließlich nicht verzagen soll, ganz neue Wege der Bearbeitung gehen. Nebenher entsteht eine andere Arbeit. Das ist die Anmeldung der Erfindung bei dem Patentamt. Jetzt fangen die Kosten an. Aber mit der Patentanmeldung und den Kosten allein ist es nicht getan. Hinterher kommen die Einsprüche, oder es kommt eine Verfügung, der Schutz der Erfindung sei wegen Nichtneuheit zu versagen. Es kommen Nichtigkeitsanträge, und neben diesen kommt noch ein Prozess. Wer es nicht gewohnt ist, sich mit derartigen Dingen zu beschäftigen, für den beginnt jetzt der Ärger.

Sobald die Konstruktion fertig vorliegt, kommt sie in die Werkstatt. Abermals beginnt der Kampf mit der Materie, mit Personen, mit Werkstoffen, mit Maschinen und mit der Zeit. Die Werkstattarbeit ist langwierig, mitunter vergehen Wochen und Monate, bis eine Erfindung zu einem brauchbaren Modell verarbeitet ist.

Mit den Kosten für Patentanmeldungen hört das Geldausgeben nicht auf. Jedes laufende Patent verlangt für seine Aufrechterhaltung Gebühren, die von Jahr zu Jahr steigen. Aber Patente haben noch eine andere Kostenquelle: die Prozesse, die aus ihnen entspringen. Jedes Patent kann einen oder mehrere Prozesse verursachen. Das Gerichtsverfahren ist außerordentlich langwierig. Langwierigkeit ist für den Erfinder sehr unangenehm, weil er mit seiner Sache nicht ins Reine kommt. Die Verschleppungsmöglichkeiten des Verfahrens werden von seinem Gegner taktisch ausgenutzt. Er weiß, das Gericht kann nicht unter allen Umständen sachkundig sein. Es werden unnötigerweise Sachverständige ernannt, und so kommt die Sache von der ersten Instanz in die zweite und mitunter gar vor das Reichsgericht, von dem sie dann vielleicht zurückverwiesen wird.

So ist der Gegner in der Lage, jahrelang zu fabrizieren, ohne befürchten zu müssen, der Patentinhaber könne ihm etwas tun. Der Gegner hat es darauf abgesehen, den anderen mürbe zu machen, ihn in seiner Produktivität zu stören. Daher ist der Großfabrikant gezwungen, sich mit einem Stab von Hilfsarbeitern zu umgeben, der ihm die mühsame Arbeit der Schutzrechtverteidigung abnimmt. Patente sind ein Schutzwall, der ständig von Feinden umlagert wird. Er muss verteidigt werden, um den Gegner zu hindern, Breschen hineinzulegen. Wo bleibt nun der innere Wert der Patente? Sie sind tatsächlich nur wertvoll, solange kampflustige Persönlichkeiten dahinterstehen. Man wird es mir deshalb nicht verdenken können, wenn ich meine Patente mit gemischten Gefühlen betrachte, besonders dann, wenn ich die ungeheuren Kosten ins Auge fasse, die durch Patentgebühren entstehen. Habe ich nun Recht, wenn ich sage, das eigentliche Erfinden sei keine Arbeit, sondern Erholung und Feierabendinhalt des Fabrikanten?

Ich kann sagen, die Stunden, die ich mit meinem Vater verlebte, wenn wir uns auf Spaziergängen mit neuen Gedanken befassten, waren uns die schönsten Erholungsstunden.

Ein angehender Fabrikant kann nur vorwärts kommen, wenn er nicht nur Denker und Dichter – das heißt Erfinder – ist, sondern tatsächlich alle Hebel der Arbeit richtig zu fassen weiß und keine Arbeit scheut, mag sie seinen Neigungen entsprechen oder nicht. Er muss Ingenieur sein, Jurist, Patentanwalt und auch Kaufmann. Er muss es verstehen, seiner Arbeit einen kulturellen und sozialen Inhalt zu geben.

1923 gab Bernhard Dräger das Zweistundengerät »Modell 1923« für die Herstellung frei. Es hatte alle amtlichen Zulassungsprüfungen bestanden.

Lungenautomatisches Bergbau-Gerät, Modell 1923 (Schulterschlauchtype). Im Uhrzeigersinn: Vorderansicht, Rückenansicht, Schutzhaube abgenommen, Seitenansicht

Das Gerät arbeitete mit einer fest eingestellten Sauerstoff-Grunddosierung von 1,5 Litern in der Minute und einer lungenau-

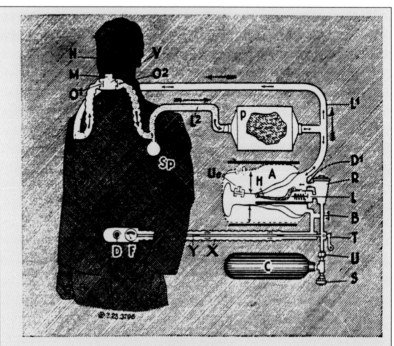

Bild 11. 3796
Schematische Darstellung der Wirkungsweise des lungenautomatischen Bergbau-Gerätes, Modell 1923, **Schulterschlauchtype.**

Zeichen: **N** = Nasenklammer; **M** = Mundatmung; **L¹** = Einatmungsschlauch; **L²** = Ausatmungsschlauch; **Sp** = Speichelfänger; **V** = Ventilkasten; **O¹** = Einatmungsventil; **O²** = Ausatmungsventil; **P** = Kalipatrone; **A** = Atmungssack; **R** = Druckreduzierventil; **D¹** = konstante Dosierung; **L** = lungenautomatische Dosierung; **H** = lungenautomatische Hebelmechanik; **Ue** = Überschußlüftungsventil; **B** = By-Paß-Ventil; **T** = Abstellhebel; **U** = Anschlußmutter; **C** = Sauerstoffcylinder; **S** = Verschlußventil; **D** = Druckknopfventil für Zusatz-Sauerstoff; **F** = Finimeter (Vorratsmesser); **Y, Z** = Hochdruckleitungen.

Wirkungsweise Modell 1923

tomatischen Sauerstoff-Zusatzdosierung. Die Steuermechanismen waren im Atembeutel des Geräts untergebracht. Es war das erste Gerät mit einer Dosierkombination »Konstant plus Lungenautomat«.

Wie effektiv diese Kombination funktionierte, erfuhren wir 1924. Die Gabrielen-Zeche im tschechoslowakischen Karwin wurde durch eine ungewöhnlich heftige Schlagwetterexplosion erschüttert. Die aufwändigen Rettungsarbeiten wurden zur Feuertaufe für das Dräger-Modell.

Trotz des hohen Erfolges testete Bernhard Dräger die neue Ausrüstung weiter am eigenen Leib, unterstützt durch Parallelversuche seines Assistenten Christensen. Man wollte wissen: Erhöht sich durch eine Erweiterung des Querschnitts der Luftzirkulationswege die Leistungsfähigkeit des Geräteträgers? Und können so die Druckverhältnisse im Gerät ausgleichend beeinflusst werden? Die beiden Männer erinnerten sich an Bergassessor Dr.-Ing. Forstmanns Worte 1922 über die Entwicklung eines Lungenkraftgeräts:

Das Hauptaugenmerk muss darauf gerichtet werden, dass der Widerstand im Gerät so gering wie möglich ist, damit zur Fortbewegung der Luft durch das Gerät ein möglichst geringer Druckunterschied genügt.

Nach Auswertung der Ergebnisse ließ Bernhard Dräger die Fertigung sowie den Verkauf bereits gelagerter Geräte des »Modells 1923« sofort einstellen. Es war nichts Schlimmes vorgefallen, Bernhard Dräger hatte nur dank der Tests Ideen, wie man es noch besser machen könnte. So war es immer: Fand er Möglichkeiten zur Verbesserung seiner Geräte, konnte ihn kein Einwand daran hindern, sie auf der Stelle für die Rettungspraxis umzusetzen. Der Gedanke, eine entwicklungsfördernde Erfindung im Tresor zu verschließen, um den lukrativen Abverkauf einer aktuellen Produktion nicht zu stören, wäre ihm niemals in den Sinn gekommen. Die Verkaufsbedingungen des Werks enthalten dazu passend die folgende Klausel:

Nachträgliche Verbesserungen an den Geräten werden, falls ausführbar, auf Verlangen innerhalb eines Jahres zum Selbstkostenpreis angebracht.

Die Atemschutzgeräte wurden mittlerweile fast weltweit eingesetzt.

Im November 1924 begann die Verbreitung des Bergbaugeräts »Modell 1924«. Es war ein Meisterwerk der Gasschutz-Gerätetechnik und Bernhard Drägers höchste Ingenieurleistung. Länger als ein Jahrzehnt war es in den Bergwerken im Einsatz. Eine Statistik des preußischen Bergbaus der Jahre 1923 bis 1934 zeigt für Dräger folgende Erfolgsbilanz:
- Menschenrettung: 1.312 Geräte
- Erhaltung von Eigentum: 4.350 Geräte
- Zusammen: 5.662 Geräte
- Lebend gerettet: 187 Bergleute.

Über 7.000 Bergbaugeräte »Modell 1924« wurden weltweit in die Kohlen- und Erzbecken geliefert. Für ihre Anwendung stand eine ausgebildete Freiwilligen-Mannschaft von mehr als 20.000 Mann bereit. Das Bergbaugerät »Modell 1924« war ein Lungenkraftgerät, auszurüsten mit einfacher, festeingestellter Sauerstoff-Grunddosierung von 2,3 Liter in der Minute oder einer manuell zu bedienenden Druckknopf-Zusatzdosierung. Alternativ bestand die Möglichkeit der Festeinstellung der Sauerstoffmenge auf 1,5 Liter pro Minute, ergänzt durch lungenautomatische Zusatzdosierung.

Die Praxis des Grubenrettungswesens entschied sich für das Gerät mit festeingestellter Sauerstoffdosierung und die manuell zu bedienende Sauerstoff-Zusatzdosierung. Eine klare Entscheidung gegen die lungenautomatische Zusatzdosierung, die ja gerade aus den Reihen der Bergleute gefordert worden war! Wie war das zu erklären?

Bergbau-Gerät »Draeger 1924« (Schulterschlauchtype; Zweistunden-Gerät). Vorder-, Rücken- und Seitenansicht

Rettungstrupp der Feuerwehr »Rheinelbe«, Gelsenkirchen 1925, auf dem Weg zur Hängebank auf Schachtanlage »Minister Stein«.

Die Entscheidung ruhte auf folgenden Überlegungen: Eine lungenautomatische Zusatzdosierung bedeutet, dass die Steuermechanismen des Geräts im Atembeutel liegen. Sie sind also nicht direkt zu sehen und Kontrolle und Pflege werden erschwert. Neben einer bautechnischen Komplizierung kann es also ein Risiko des Geräteträgers bedeuten. Beide Faktoren fallen bei ausreichender Sauerstoff-Grunddosierung und einem manuell zu betätigenden Sauerstoff-Zusatz-Druckknopfventil weg. Bernhard Dräger erklärte:

Ich muss den Einwand, der Lungenautomat bedeute bautechnisch eine Komplizierung, anerkennen. Der Weg zum Einfachen führt in der Regel über das Komplizierte. Es ergeben sich aber Möglichkeiten, diese Bedenken zu beseitigen.

Erst zehn Jahre später – 1933/34 – wurden die Steuermechanismen der Zusatzdosierung vom Inneren des Atembeutels an seine Außenseite verlegt. Diese spezielle Konstruktion wurde ein Charakteristikum aller Sauerstoff-Gasschutzgeräte des Systems »Draeger«.

Das neue Bergbaugerät »Modell 1924« ließ die Injektorgeräte und den Rauchhelm ziemlich schnell aus dem öffentlichen Geschehen verschwinden. Alle Regenerationseinrichtungen der Ausrüstung lagen nun, ähnlich wie ein Rucksack, auf dem Rücken des Trägers. Man gewann deutlich an Beweglichkeit. Welche Erleichterung, endlich war die Brust frei! Die Querschnitterweiterung in den Zirkulationswegen garantierte ein Mehr an Betriebssicherheit und Schutzwirkung. Sie brachte im Vergleich zu älteren Geräten eine starke Senkung des Atemwiderstandes. Je höher der Atemwiderstand, desto größer die Lungenarbeit und desto größer die Menge der Ausatemkohlensäure. Je größer die Menge dieses Ausatemgases, desto höher liegen wiederum Atemfrequenz und Sauerstoffverbrauch. Durch die Verminderung der im Gerät möglichen Atemwiderstände konnten die Faktoren auszuatmende Kohlensäure und Sauerstoffverbrauch niedrig gehalten werden. Die verbesserte Sauerstoffökonomie ermöglichte eine bessere Arbeitsleistung des Geräträgers.

Das Lungenkraftprinzip des Geräts bedeutete die Rückkehr zur Mundstückatmung oder der Benutzung einer mit den Atemwegen des Geräträgers verbundenen Atemmaske. Diese musste Bernhard Dräger erst einmal erfinden. Er konstruierte eine Ledermaske mit einer eingebauten Hilfsinnenmaske. Die Hilfsinnenmaske wurde sehr bald vom Gasmaskenbau anderer Länder übernommen. Ein gutes Beispiel für den legeren Umgang mit Schutzrechten in damaliger Zeit.

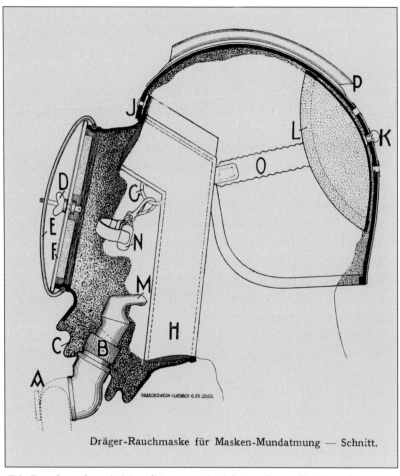

Dräger-Rauchmaske für Masken-Mundatmung — Schnitt.

Die Rauchmaske mit Mundatmungseinrichtung kann für Gasschutzgeräte aller Systeme benutzt werden.

Konsolidierung und Aufschwung

In dieser Phase schwieriger Konstruktionsarbeit hatte Bernhard Dräger das Werk zusätzlich durch den wirtschaftlichen Irrgarten zu steuern, in dem sich das ganze Land befand. Der gründliche Ausverkauf der deutschen Wirtschaft, die Inflation der Mark, das »Wunder der Rentenmark« – ganz unbeschadet kamen auch wir da nicht durch. Im Auslaufstadium der Inflation musste Dräger von seinen Mitarbeitern große Opfer verlangen, um das Werk für einen zweiten Wiederaufbau tragfähig zu erhalten. Unvergesslich der 3. Dezember 1923, an dem er dem Direktorium des Werks im weihnachtlich geschmückten Sitzungssaal des 1921 fertiggestellten Verwaltungsgebäudes nicht nur seine Wiederaufbaupläne mitteilte, sondern eine ganzen Reihe neuer Erfindungen präsentierte, die Einstellung neuer Mitarbeiter anordnete, den Arbeitern eine Lohnerhöhung ab 8. Dezember 1923 garantierte und den Beamten eine Gehaltserhöhung. Er erklärte:

Ich möchte darüber keinen Zweifel lassen, dass all diese Zahlungen der Substanz entnommen werden, um die Entbehrungen, die in den letzten Monaten jedem Einzelnen auferlegt werden mussten, zu mildern. Ich habe mir gesagt, dieser abermalige Eingriff in die Substanz wird sich ausgleichen dadurch, dass allen Beteiligten wieder etwas mehr Freiheit im Haushalt entsteht, dass Zufriedenheit und eine größere Freude an der Arbeit zurückkehren.

Ich habe mich unter Zuhilfenahme von etwas Optimismus zu folgendem Entschluss durchgerungen: Auf allen bisherigen Arbeitsgebieten in der bisherigen Art weiterzuarbeiten, und es mit aller Energie zu versuchen, aus allen Arbeitsgebieten etwas zu machen. Es ist nun die Aufgabe aller Beteiligten, dahin zu wirken, dass jedes Gebiet so groß und so tragfähig wird wie das Rettungsgebiet R. Voraussetzung ist jedoch, dass Betrieb und Arbeiterschaft fest in der Hand der leitenden Personen bleiben.

Das Werk hat, um es klar zu sagen, von der Entwertung der Mark gelebt. Von nun an muss die Fabrik wieder auf eigenen Füßen stehen, denn heute wird jeder Betrieb, der Kredit in Anspruch nimmt, von den Banken derart in die Zange genommen, dass beispielsweise bei 15 % Bankzinsen schon in fünf Jahren eine Verdopplung des kreditierten Betrages eintritt. Es besteht eben jetzt die unabweisbare Notwendigkeit, dass Einnahmen und Ausgaben sich nicht nur decken, sondern dass noch etwas übrig bleibt.

Zusammenwirkend mit den technischen Abteilungen und mit der kaufmännischen Abteilung muss ein Aussuchen der für die Fertigung zuzulassenden Aufträge geschehen unter besonderer Berücksichtigung aller Forderungen des Rettungswesens. Ich persönlich habe die für die Fertigung auf dem R-Gebiet nötigen Maßnahmen bereits getroffen. Unerlässlich ist eine Untersuchung der äußeren Geschäftslage. Sie ist noch sehr schlimm und unsicher. Die allgemeinen Verhältnisse können erst dann als günstig bezeichnet werden, wenn die Preise auf dem Lebensmittelmarkt sinken und die Kaufkraft der Löhne größer wird. Aber die allgemeine Lage darf uns erst dann als hoffnungsvoll erscheinen, wenn die besseren Lebensbedingungen auch gesichert sind. Wenn Sie, die leitenden Herren, die Werkstätten durchwandern, dann bitte ich Sie, durch Umhören festzustellen, wie und ob die Arbeiterschaft mit ihrem Lohn auskommt.

Es ist mein Wunsch, dass wir nach diesen Beratungen einen starken und wirtschaftlich wieder gefestigten Betrieb ins Leben rufen. Ich habe programmgemäß den Zeitpunkt dieser Beratung für heute gewählt, weil wir während des Monats Dezember noch manches im Betrieb herzurichten haben. Wir wollen das Jahr 1924 als ein wirkliches Arbeitsjahr beginnen mit der wiedergewonnenen Möglichkeit der statistischen Erfassung.

Heran an die sauren Erbsen, meine Herren! Der Tatkräftige bleibt immer oben. Ich gehe mit Ihnen durch dick und dünn! Gehen Sie auch mit mir. Wir wissen, was wir einander wert sind.«

Am 12. Dezember 1923, um 12 Uhr mittags, versammelte Bernhard Dräger die komplette Belegschaft um sich und hielt diese Rede ein zweites Mal. Es herrschte von allen Seiten wieder Vertrauen in die Zukunft und Zuversicht im Betrieb.

So begann Bernhard Drägers letzter Lebensabschnitt.

11. FEBRUAR 1925: SCHWERES GRUBENUNGLÜCK AUF DER SCHACHTANLAGE MINISTER STEIN

Mit großer Zurückhaltung ließ Bernhard Dräger im November 1924 das neue Lungenkraftgerät »Modell 1924« an ausgewählte Stellen versenden. Solange man nicht wisse, wie es sich im Ernstfalleinsatz bewähren würde, sollte die breite Öffentlichkeit noch nicht informiert werden. Zu den mit dem neuen Gerät versorgten Stellen gehörte die Berufs-Gruben- und Feuerwehr der Steinkohlenzeche »Rheinelbe« in Gelsenkirchen, geleitet von Branddirektor Wilhelm Korsch. Diese Wehr wurde bei allen größeren Grubenunfällen des Ruhr-Bergbaus gerufen.

Der Tag der Prüfung des »Modell 1924« kam sehr schnell. Am Abend des 11. Februar 1925 wurde die Schachtanlage Minister Stein der Gelsenkirchner Bergwerks-Aktiengesellschaft in Eving bei Dortmund von einem schweren Unglück überrascht. 136 Bergleute fanden in einer Schlagwetterexplosion und den entstehenden Gasen den Tod.

Um 20 Uhr saß der Betriebsdirektor der Schachtanlage noch in seinem Büro auf der Hauptanlage I/II und arbeitete. Nur Minuten später läutete das Werktelefon:

Rettungslager der Schachtanlage »Minister Stein«; Gerätewand mit Draeger-Bergbaugeräten Modell 1924

»Hier Schacht III, Markenstube. Der Anschläger[1] vom Schacht meldet, es sei von der zweiten Sohle herausgetelefoniert worden, einige Leute seien laufend am Füllort angekommen und meldeten, es sei ein sehr starker, plötzlicher Luftdruck aufgetreten und ein dumpfer, schwerer Knall zu hören gewesen. Die Leute wollen heraus.«

Grubenwehr und Feuerwache der Zeche wurden sofort alarmiert. Um 20:13 Uhr heulten die Sirenen. Um 20:25 Uhr rast der erste Einsatzwagen mit sieben Rettungsmännern und dem Leiter der Wehr, Fahrsteiger[2] Kornfeld, zum zwei Kilometer entfernten Luftschacht III. Um 20:30 Uhr fährt ein Trupp Rettungskräfte mit angelegtem Gasschutzgerät ein.

Fahrsteiger Kornfeld spricht mit den herauskommenden Kumpels. Er gewinnt den Eindruck eines größeren Unglücks. Sofort telefonische Rücksprache mit dem Betriebsdirektor. Um 20:35 Uhr Alarmierung aller Rettungsstellen der Nachbarzechen. Eintreffen der Mannschaften je nach Fahrtstrecke von 21 bis 23 Uhr.

Noch wusste niemand Genaues. Erst als kurz darauf die ersten Trupps aus dem Schacht zurückkamen, wurde nach und nach der ganze schreckliche Umfang der Katastrophe bekannt. Zwei Reviere waren in den Zugängen verschüttet. Nur auf der zweiten Sohle gelang es den Rettungstrupps unter Einsatz ihres Lebens, über große Brüche bis zu den ersten Arbeitspunkten vorzudringen. Ihre Berichte waren erschreckend: Verbrannte und Erstickte überall, ein Transport über die Brüche nicht möglich. Über 400 Meter Querschlag[3] lagen zu Bruch; der Ausbau – Stempel und eiserne Kappen – umgerissen; umgeworfene Förderwagen; heruntergebrochene Gesteinsmassen; durcheinandergewirbelte Luft- und Wasserleitungen. Quer dazwischen die Kabel der Seilbahn.

Die Rettungswehren sieben weiterer Zechen wurden gerufen. Aufräumtrupps gingen hinunter. Rettungstrupps folgten, immer wieder neue. Man versuchte verzweifelt, an die Kohlengewin-

---

[1] Anschläger = Bergmann, der am Schacht die Fördersignale gibt
[2] Steiger = Aufsichtsperson im Bergbau
[3] Querschlag = horizontaler Grubenbau

nungspunkte und somit eventuell Überlebende heranzukommen. Die Rettungsmannschaften waren mit Atemschutzgeräten ausgerüstet. Es waren harte Arbeitsbedingungen, über Brüche, durch Rauch. Und immer nur verbrannte, erstickte Kameraden. Sie wurden so weit möglich zurückgeschleppt. Die Berufswehr Rheinelbe hatte eine Hilfsstelle auf der zweiten Sohle hergerichtet – Wiederbelebungsgeräte, Ärzte. Es wurde versucht, die ersten Geborgenen wiederzubeleben. Zu spät. Die zusammengebrochenen Strecken hielten die Retter auf. Die erste Sohle war vollständig verschüttet.

Die Männer, die sich zufällig an der Wirkungsgrenze der Explosion befanden, waren selbst zum Schacht gelaufen. Wir fanden viele in Reihen hinter den Brüchen liegend, die ihnen den Weg zurück versperrten.

Um zwei Uhr nachts dann ein Hoffnungsschimmer. Es werden acht Leute lebend gefunden. Schnellstmöglich werden sie zu den Medizinern transportiert und beamtet. Ein Rettungsmann wird gebracht, der durch einen Unfall mit giftigen Gasen in Kontakt kam. Auch er wird beatmet. Alle Männer können gerettet und in die Krankenhäuser verlegt werden. Es kommen keine weiteren. Die Rettungsmannschaften arbeiten mit voller Kraft, können jedoch keinen einzigen Überlebenden mehr finden.

Rettungsmannschaft »Rheinelbe«

Inzwischen sind etwa 200 Rettungsleute mit 120 Atemschutzgeräten vor Ort. Die Mannschaften wurden von der Arbeit geholt, aus den Betten, viele sind seit dem vergangenen Morgen um vier Uhr auf den Beinen. Müde wird keiner, aber hungrig. Jemand sorgt für eine große Menge Butterbrot, Kaffee und Tabak. Neben den Rettungsmannschaften waren etwa 100 Sanitäter erschienen. Alles musste untergebracht sein, eingeteilt und verpflegt werden. Die Organisation funktionierte bemerkenswert.

Wie sollte man nur die Brüche in den Querschlägen passieren? Die Zechenleitung, die Bergbehörden, die Hauptrettungsstelle Essen, alle waren da. Jeder brachte seine ganze Erfahrung ein – und niemand fand die Lösung. Man konnte nur immer wieder Brüche aufräumen. Geschulte Leute und Hilfskräfte waren reichlich da, schließlich etwa 350 Rettungsleute mit 200 Gasschutzgeräten. Beteiligt waren die Injektorgeräte »Modell 1904/09« und »Modell

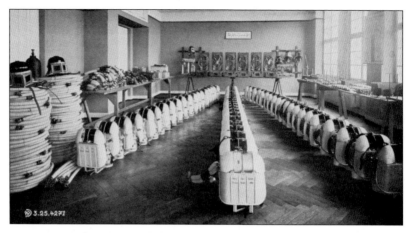

Ausrüstung für eine Großstation mit Bergbaugerät »Draeger 1924« (Leichtmetall) mit Wiederbelebungs-, Schlauch- und Prüfgeräten.

1910/11«, »Westfalia 1912« sowie die Lungenkraftgeräte »Modell 1921«, »Modell 1923« und »Modell 1924« der Berufsfeuerwehr Rheinelbe.

Während der schweren Gewältigungs- und Bergungsarbeiten auf Minister Stein unterlagen die von der Mannschaft Rheinelbe in einheitlichem Einsatz getragenen Bergbaugeräte »Modell 1924« unserer besonderen Beobachtung. Oberingenieur Karl Bender, Leiter der Dräger-Niederlassung in Essen, verfolgte jedes Detail.

Am 13. Februar 1925, morgens um 10:30 Uhr, schickte er uns die ersten Mitteilungen über die Leistung von »Modell 1924« im Verlauf der Rettungsarbeiten auf Minister Stein. Was er beobachtet und geprüft hatte, ergab ein Bild der Gerätebewährung, welches alle unsere Erwartungen überstieg.

Streitgespräche um den Pulmotor

Auf unsere Arbeit legten sich unerwartete Schatten. Aus Nordamerika kam plötzlich sehr laute Kritik an der Wirkungsweise des Pulmotors.

In den Vereinigten Staaten waren damals mehr als 2.000 Geräte verbreitet. Ihre Anwendung in öffentlichen und privaten Rettungsorganisationen zeigte beste Ergebnisse. Es gefiel der Presse, jeden Rettungserfolg des Pulmotors bis zur Sensation zu übersteigern. Leider hatten die Medien auch ein großes Interesse daran, in die entgegengesetzte Richtung zu übertreiben. Ein Fall, der sogar bis nach Deutschland Wellen schlug, entbehrte in seiner Darstellung in Zeitungen und Magazinen der USA jeglicher journalistischen Ethik: Ein durch Leuchtgas vergiftetes zweijähriges Mädchen konnte durch die Beatmung per Pulmotors gerettet werden. Das Kind erhielt aus großer Dankbarkeit der Eltern den zusätzlichen Vornamen Draeger. Bis hierhin alles in Ordnung. Ein Jahr später wurde die Kleine dramatischerweise Opfer einer Infektionskrankheit. So prangte der auffällige Zusatzvorname des Kindes plötzlich auf einem Grabstein neben erschütternd kurzen Lebensdaten. Wie dieses Bild nun in den Medien mit dem Pulmotor und somit dem Drägerwerk in Verbindung gebracht wurde, ließ uns nach Luft schnappen.

Wir beruhigten uns und warteten die Reaktionen auf diesen Angriff ab. Die Kritik brauchte eine wissenschaftliche Begründung. Wir waren gespannt. Deutsche Atemphysiologen hatten die Wirkungsweise des Pulmotors beeinflusst und experimentell geprüft, wir hatten keine Angst vor Fragen.

Der Pulmotor, Heinrich Drägers wichtigste Erfindung, bewirkt eine künstliche Beatmung des menschlichen Körpers, der nicht mehr zu selbstständigem Atmen fähig ist. Er drückt sauerstofffreiche Luft in die Lunge des Patienten und saugt die mit Kohlensäure beladene Ausatemluft ab. Das geschieht im Rhythmus einer natürlichen Atmung. Der Helfer verbindet den zu beatmenden Körper mit dem Gerät durch eine über Mund und Nase dicht abschließende Atemmaske. Vorher hat er die festgeschlossenen Zahnreihen des Patienten geöffnet und die Mundhöhle gereinigt. Der Kopf mit aufgelegter Atemmaske wird in starker Drehung nach rechts oder links bewegt und in dieser Lage gehalten. Die in der Regel zusammengerollt auf dem Kehldeckel liegende Zunge fällt dadurch

Nun prangte das Wort »Draeger« auf dem Grabstein – keine gute Werbung.

seitwärts ab und der Zugang zur Luftröhre ist nun für die künstliche Beatmung frei.

Der Helfer öffnet das Verschlussventil am Sauerstoffzylinder des Geräts, schließt die weiche Speiseröhre durch Fingerdruck auf die Ringknorpel der darüber liegenden Luftröhre. So wird eine »Mitbeatmung« des Magens verhindert. Die weitere Beatmung erfolgt automatisch durch das Gerät, der Helfer hat nur noch eine beobachtende Funktion. Er hat über den Zeitpunkt des Ausschaltens zu entscheiden, sei es bei einem Wiederbelebungserfolg oder klaren Anzeichen des eingetretenen Todes. Geduld ist hier sehr wichtig. Wir kennen einen Erfolg, der sich nach 21-stündiger Beatmung einstellte, ohne irgendwelche Schädigungen von Herz, Kreislauf oder Lunge.

Ich war selber oft Zeuge von Wiederbelebungen durch den Pulmotor. Nach einem schweren Grubenunglück an der Ruhr kam ich mit folgendem Bericht nach Lübeck zurück:

Von 17 kohlenoxydvergifteten Bergleuten, in schwerer Befahrung von den mit Sauerstoff-Gasschutzgeräten vordringenden Rettungstrupps aus zu Bruch gegangenen Strecken herausgeholt, konnten 13 durch künstliche Beatmung mittels Pulmotor gerettet werden, vier waren während des Zutagetransports verstorben.

Die Zahl der im Schachtgebäude breitgestellten Pulmotore erlaubte es, die 13 Männer, die noch keine Anzeichen des eingetretenen Todes erkennen ließen, sofort und gleichzeitig zu behandeln. Knappschaftsärzte und alle Heilgehilfen des Zechenhilfskreises waren da. Rings um die nur von den gewohnten Geräuschen des Maschinenhauses erfüllte Hängebank waren die leblosen Männer gelagert, durch Atemmasken mit den Wiederbelebungsgeräten verbunden. Die Heilgehilfen knieten am Kopf der Erkrankten. Die Ärzte standen beobachtend und mit bereitgehaltenen Injektions-Necessaires daneben. Leise ging ich von Liegestatt zu Liegestatt. In fast gleichem Rhythmus klangen die Umsteuerungsanschläge in die Stille spannender Erwartung. 30 Minuten waren vergangen. Noch kein einziger Erfolg. Noch immer der gleiche Umsteuerungsrhythmus.

40 Minuten! Da wird an zwei Liegestellen ein unregelmäßiges Klappern der Atemumsteuerung hörbar. Es klingt wieder ab. Aber die beiden Heilgehilfen haben sich tiefer zu ihren Patienten herabgebeugt. Plötzlich lösen sie die Atemmasken, heben die seitwärts nach unten gelagerten Köpfe der Behandelten an: Zwei Männer schlagen die Augen auf. Zwei Pulmotore werden abgeschaltet. Nach 40 Minuten erwachen vier. Nach 55 Minuten wieder vier. Nach einer Stunde und 20 Minuten sind sie alle ins Leben zurückgekehrt.

Vater und Sohn Dräger saßen damals mit über dem Bauch gefalteten Händen in ihren Stühlen und sahen wie durch mich hindurch. Ich kannte sie gut genug, um den Grad ihrer Anspannung zu erkennen. Der drägerinitiierte Pulmotor-Nachrichtendienst meldete uns mehr Details von Unglücken und Rettungseinsätzen, als emotional zu tragen war, im Positiven wie im Negativen. Grundsätzlich erstreckte sich die Berichterstattung auf Erfolge und Misserfolge des Geräts.

Zur Verbesserung der Technik wurde ein Informationssystem aufgebaut.

So wussten wir beispielsweise: Die Samariter der deutschen Feuerwehren hatten den Pulmotor vom 1. Januar 1912 bis zum 31. Dezember 1922 in 4.620 Fällen mit Erfolg, in 1.004 Fällen leider erfolglos angewendet. Bei 80 Prozent aller Behandlungsfälle lag eine Vergiftung durch Leuchtgas (Kohlenoxyd) vor; 75 Prozent dieser Fälle wurden mit Erfolg behandelt, teils durch Anwendung des Pulmotors als Beatmungsmaschine, teils durch Anwendung der Sauerstoff-Inhalationseinrichtung des Geräts.

In 209 Fällen wurde der Pulmotor von Krankenhäusern angefordert. In Stuttgart wurde ein Gerät der Feuerwehr in mehreren Fällen bei der Atmungs-Unterstützung Neugeborener eingesetzt. Dasselbe berichteten Hospitalleitungen der USA.

Das Rückgrat der Pulmotor-Organisation bildeten die Rettungsstellen des deutschen, russischen und nordamerikanischen Bergbaus sowie die großen Feuerwehren in Deutschland, England und Schweden. Ein wichtiger Bereich waren zudem die Erste-Hilfe-Mannschaften der großen nordamerikanischen Licht- und Hüttengesellschaften. Die Inhalte des Pulmotor-Nachrichtendienstes im Bergbau wurden durch die amtliche Unfallberichterstattung geliefert. Einen hohen Anteil daran hatten die dienstlichen Tagesberichte der deutschen Feuerwehrsamariter.

Die drägereigene Ermittlungsarbeit für Mitteleuropa steuerte man direkt aus der Lübecker Zentrale; für England, Kanada und Australien waren unsere Londoner Vertretungen zuständig. Nordamerika, Mexiko, Japan und das Industriegebiet um Kiautschau und Wladiwostok übernahm die damalige Tochtergesellschaft des Drägerwerks, die Atmois Corporation in Pittsburgh, USA.

Oberstes Gebot bei allen Ermittlungen war, größtmögliche Objektivität zu sichern. Die Meinung der bei Wiederbelebungen mitwirkenden Ärzte war dokumentarisch festzuhalten und die Berichterstattung der Laienretter unter keinen Umständen durch Rettungsprämien zu beeinflussen. Wenn Feuerwehren öffentlicher oder industrieller Organisation aus eigenem Antrieb Wiederbelebungsprämien gewährten, habe ich dies bei meinen Aufzeichnungen vermerkt und einen etwas abgewandelten Fragenkatalog für die Ermittlung genutzt.

Noch während des Ausbaus dieses weitverzweigten Nachrichtendienstes stieg die Verbreitungsziffer des Pulmotors auf mehr als 2.000; bei Kriegsausbruch 1914 hatte sie 3.000 überschritten.

Wir lernten das Auf und Nieder der Anwendungskurven des Pulmotors und die Abhängigkeit der Kurvenbewegung von Unglück und Not im privaten wie im öffentlichen Leben, von Wohnungs-, Licht- und Kochverhältnissen, seelischen Epidemien, Gassperrzeiten und den Jahreszeiten. Erschütternd blieb die Zahl der Leuchtgasvergiftungen. Ihr zahlenmäßiger Anstieg im Winter, Rückgang im Frühjahr, vorübergehende Zunahme im Mai, großer Rückgang im Sommer, wieder Steigerung mit Herbstbeginn. Jahr um Jahr dasselbe Bild. Kurvenhochs in Zeiten der Tiefs. Schlechtgepflegte Heiz- und Kochöfen, undichte Leitungen und eine sich verstärkende Neigung, per Leuchtgasvergiftung den Freitod zu wählen.

Zurück zu den Ermittlungen. Zwischen den Berichtsblättern der Feuerwehr einer thüringischen Industriestadt lag ein Papier mit Befundsmitteilungen:

Wir verwenden nun zwei Pulmotore mit Kohlensäurezusatz. Er wird mit der Einatemluft gegeben. Die Erfolgsziffer der Geräte ist in kurzer Zeit um 20 Prozent gestiegen. Wir geben den CO_2-Zusatz erst nach zehn Minuten langer Verwendung des normalen Atemgemisches Luft/Sauerstoff. Den Sauerstoffanteil erhöhen wir bei Leuchtgasvergiftungen auf 30 Prozent. Zwei Drittel der uns zur Behandlung übergebenen Leuchtgasvergifteten konnten wiederbelebt werden. 30 Prozent der Geretteten hatten ihre Vergiftung durch Leuchtgas in selbstmörderischer Absicht herbeigeführt. Arbeitslosigkeit trieb sie zu dem Versuch, das Leben wegzuwerfen.

In der Hochphase des Pulmotorstreits – den Nachwehen des Ersten Weltkrieges – und in der alles niederreißenden Inflation der Deutschen Mark – schnellten die Zahlen der Pulmotor-Anwendung in die Höhe. Erst 1925, als sich das Leben in Deutschland entspannte, sanken die Zahlen auf ein normales Maß.

Worin bestand die inzwischen genauer formulierte Kritik, die aus den Vereinigten Staaten über uns ausgeschüttet wurde? Man vermutete, die Beatmungsdrücke des Pulmotors von 20 bis 22 Zentimeter WS verursachten eine Schädigung der Lungenbläschen. Geheimrat Professor Dr. George Meyer, Berlin, reagierte:

Bei dem Pulmotor wird ein Überdruck erzeugt, der je nach der Größe des Brustkastens zwischen 18 und 22 Zentimeter Wassersäule schwankt. Der Beweis für die Unschädlichkeit eines Drucks von 20 Zentimeter Wassersäule ist darin gegeben, dass unter nicht wenigen Lebensbedingungen viel höhere Druckwerte in der Lunge erzeugt werden, ohne Schädigungen zu verursachen. So lasten auf der Lungenoberfläche beim Pressen, beim Husten, beim Niesen bis zu mehrere 100 Zentimeter WS, ohne sie zu schädigen. Die Druckwerte dauern allerdings bei den genannten Aktionen stets nur kurze Zeit. Längere Zeit lasten auf der Lunge ähnlich hohe Druckwerte beim Glasblasen oder beim Spielen von Blasinstrumenten. Selbst beim lauten Singen und mehr noch beim Kommandieren mit lauter Stimme wird die Lungenoberfläche unter einen Druck gesetzt, der den vom Pulmotor ausgeübten bis zu 50 Prozent übersteigen kann. Endlich sei darauf hingewie-

sen, dass es eine Heilmethode zur Behandlung von Lungen- und Herzerkrankungen gibt, die sogenannte pneumatische Behandlungsmethode, bei der gleichfalls Luft unter Druck in die Lunge eingeblasen wird. Diese Druckwerte erreichen bis zu 30 Zentimeter WS, ohne dass je Schädigungen der Lunge zustande gekommen sind.

Die inzwischen auch aus der deutschen Atemphysiologie kommende Kritik erklärte in verwirrendem Wechsel:

Die Beatmung durch den Pulmotor verursacht eine venöse Stauung und ruft dadurch Kreislaufstörungen hervor.

Und:

Von allen geprüften Geräten kommt vorläufig nur der Pulmotor als Ersatz für die manuelle künstliche Beatmung in Betracht.

Am 17. September 1921 erhielt ich eine Einladung des »Bergbaulichen Vereins Glückauf« zu Beratungen im Künstlerhaus Hannover, die sich mit den Widersprüchen in der Beurteilung der mechanischen und maschinellen Wiederbelebungsverfahren beschäftigen sollten. Bergrat Redepfennig, der die von zahlreichen Angehörigen des Grubenrettungswesens besuchte Sitzung leitete, teilte mir mit, er habe mich als Ko-Referent für einen Vortrag bestimmt. Es ging um die Ausführungen über das nach Vorschlägen des schwedischen Marinearztes Dr. med. Fries mechanisierte Silvester-Verfahren.

»Und wenn der Vortragende unsachlich wird?«, gab ich zu bedenken.

»Gerade dann brauchen wir Ihr Ko-Referat«, antwortete Redepfennig lächelnd.

Ich war froh, Oberingenieur Hans Schröder mitgebracht zu haben, falls Fragen der Gerätekonstruktion auftauchen sollten.

Der Vortragende hatte in Flugblättern, verbreitet über ganz Mitteleuropa, den Pulmotor als das Ergebnis der Konstruktionsarbeit eines Uhrmachers bezeichnet, der dem Rettungswesen ein Gerät zugeführt habe, ohne eine Mitarbeit der experimentellen Atemphysiologie heranzuziehen.

Der Vortrag begann – ruhig und sachlich. Er gab eine klare Darstellung der Wirkungsweise des von ihm gebauten Geräts und seines Anwendungsbereichs. Über den Zuhörern lag eine fühlbar gewordene Spannung, die auch Hans Schröder und mich nicht ausnahm. Und dann kam es:

»Das von mir vorgeführte Gerät ist bestimmt, eine maschinelle Wiederbelebungsapparatur abzulösen, die durch geschickte Reklame der Rettungspraxis aufgezwungen wurde, obwohl sie schädlich ist. Ich meine den Pulmotor, die Erfindung eines Uhrmachers, der von Atemphysiologie nichts verstand.«

»Der Pulmotor ist die untaugliche Erfindung eines Uhrmachers.«

Ruf aus dem Zuhörerkreis: »Können Sie das beweisen?«

»Ist nicht der Pulmotor Beweis genug?«

Was folgte war eine Zusammenstellung alles Negativen der amerikanischen, englischen und deutschen Pulmotorkritik. Wieder ein Zwischenruf:

»Wieso verschweigen Sie die den Pulmotor bejahende wissenschaftliche Kritik?«

Jetzt schaltete sich Bergrat Redepfennig ein: »Wir müssen den Vortragenden dringlich bitten, sachlich zu bleiben und persönliche Angriffe gegen einen Mann wie Heinrich Dräger, der – wie wir alle wissen – von Haus aus Uhrmacher war, zu unterlassen. Heinrich Drägers Person ist für uns alle unantastbar. Ich halte es für richtig, jetzt dem Ko-Referenten das Wort zu geben.«

Ich holte tief Luft. Hans Schröder und ich waren durch den sachlichen Inhalt der Kritik nicht beunruhigt. So etwas war ja nichts Neues. Jede Innovation war mit Kritiken von außen verbunden, wir waren im Training. Was uns jedoch aufwühlte, war der Angriff gegen den »alten Herrn«, jetzt, vier Jahre nach seinem Tod. Ansonsten hatte uns der Vortragende wider Willen alle Bälle in die Hände gespielt, die wir brauchten, um aus dem ehrlichen Sachstreit ein für alle Mal herauszukommen. Es war Dräger-Grundsatz, sich nie mit den Konstruktionsarbeiten anderer öffentlich zu beschäftigen, sondern sich nur um die eigene Sache zu kümmern. Das geschah auch dem Gerät gegenüber, das der Vortragende vertrat und das durchaus brauchbar war. Allerdings wurde uns dreist der Vorwurf der Kurpfuscherei gemacht, offensichtlich auch noch zum Zweck des fabrikatorischen Nutzens.

Die Kritik war in allen Punkten haltlos. Heinrich Dräger baute seine Konstruktion auf der von Zuntz und Roth geschaffenen physiologischen Grundlage auf. Bernhard Dräger und Hans Schröder behielten diese Vorgaben bei und aktualisierten sie jeweils auf Basis der neuesten Forschungsergebnisse. Abgerundet wurde das Ganze durch eine objektive Kontrolle der Rettungsarbeiten, an denen der Pulmotor beteiligt war.

Zudem lieferte ich eine genaue Zusammenstellung der sich widersprechenden Urteile, die uns seit 1914 von den Forschungsstellen der experimentellen Atemphysiologie überreicht wurden. Ich präsentierte den Status der wissenschaftlichen Forschung rund um den Scheintod (man wusste bislang so gut wie nichts), erstattete Bericht über den Aufbau des Pulmotor-Nachrichtendienstes und seine objektive Aufgabe, über Kontrolle und Prüfung des Nachrichtenmaterials und unsere direkten Erfahrungen mit Wiederbelebungen. Und ich ließ keinen Zweifel daran, dass wir uns der großen Verantwortung bewusst seien, die das Thema Wiederbelebung mit sich brächte. Ich erwähnte die Drägersche Garantie, dass auf Basis dieses Bewusstseins jedes Gerät sofort aus dem Verkehr gezogen würde, wenn auch nur der geringste Zweifel an seiner Wirksamkeit auftreten sollte. Alle zentralen Stellen waren über diesen Beschluss informiert. Als Reaktion kam meist jedoch die dringende Bitte der Ärzte und Laienretter: Lasst uns das Gerät, wir können es nicht entbehren.

Ich gab das Wort an Hans Schröder, er übernahm die Demonstration der technischen Informationen. Die sich an unsere Vorträge anschließende Beratung hatte folgendes Fazit:

Über den schwebenden Streit der wissenschaftlichen Physiologie hinweg fällt die Entscheidung über die Wiederbelebungssysteme vorläufig der Rettungspraxis zu. Die Pulmotore sollen im Dienst verbleiben.

Am späten Abend saß ich in meinem Hotelzimmer und notierte die Ereignisse des Tages. Da klopfte es an der Tür. Ich öffnete, und vor mir stand mit gesenktem Kopf unser Kontrahent.
»Ich muss Sie sprechen.«
»Um diese Zeit?«
»Ja. Die von mir gegen Herrn Heinrich Dräger gerichteten Vorwürfe nehme ich hiermit in aller Form zurück. Ich habe mich geirrt.«
»Sie haben die Vorwürfe vor Zeugen erhoben.«
»Ich werde Mittel und Wege finden, alle Beteiligten zu unterrichten.«
Wir legten unseren Streit bei. Die fachlich gegenteiligen Meinungen blieben natürlich erhalten.

Die Beratungen des Ausschusses für Gewerbehygiene des Reichsgesundheitsamts im April 1922 hatten nicht nur den Injektorstreit zum Thema. Es war hauptsächlich eine allgemeine Beratung um alle Teilbereiche der Wiederbelebung. Die Sachverständigen der experimentellen Atemphysiologie, des Grubenrettungswesens, des feuerwehrmännischen Samariterwesens, des Roten Kreuzes und der Reichs- und Landesministerien hörten vom Vorsitzenden Geheimrat Professor Dr. Bumm, Präsident des Reichsgesundheitsamtes, folgende Erklärung zum Pulmotor:
»Erhebliche Bedenken werden dem Reichsgesundheitsamt gegen die Anwendung der Sauerstoff-Wiederbelebungsmaschine Pulmotor entgegengebracht. Den Anwesenden sind die Bedenken aus den Ihnen zugegangenen Schriften bekannt. In zahlreichen Fragen wurde das Reichsgesundheitsamt aufgefordert, zu erklären, ob der Pulmotor abgeschafft werden müsse oder ob die erhobenen gesundheitlichen Bedenken unbegründet seien. Das Reichsgesundheitsamt hat sich in dieser Sachlage entschlossen, die entstandenen Fragen zu klären oder doch zumindest zu veranlassen, dass ihre Klärung in Angriff genommen wird.«
In den Reihen der anwesenden Physiologen wurden Diskussionen hörbar. Im Mittelpunkt der physiologischen Diskussion stand Professor Dr. Loewys Meinung:

»Ich mache darauf aufmerksam, dass sich die von mir gemeinsam mit Professor Dr. George Meyer durchgeführten Untersuchungen mit den Über- und Unterdruckverhältnissen des Pulmotors beschäftigten. Von Veränderungen des Kreislaufs durch Beatmung mittels Pulmotor war damals nichts bekannt. Beim Studium der Meltzerschen Versuche (amerikanische Pulmotorkritik) ist mir vieles unklar geworden. Es steht jedenfalls fest, dass sie so, wie diese Versuche mitgeteilt wurden, auf Menschen nicht übertragen werden können.

Gegen die Druckverhältnisse des Pulmotors ist absolut nichts einzuwenden. Es erscheint mir auch fraglich, ob die Stauungen des Kreislaufs, die man glaubt, feststellen zu können, sich über den ganzen Körper erstrecken. Wie groß die Stauungen sind, geht aus den Versuchen nicht hervor. Es kann sich andererseits nicht um ein Zusammenfallen, sondern nur um eine Verengung der Venen handeln, bei der Stauungsschäden kaum eintreten. Es steht jedenfalls fest, dass allen Personen, die mit dem Pulmotor behandelt wurden, keinerlei Schaden zugefügt wurde. Die Schlussfolgerungen, die in Werbeschriften aus dem Gutachten gezogen werden, sind nicht nachvollziehbar. In denselben Werbeschriften wird davon gesprochen, dass der Pulmotor die von ihm Beatmeten wahrscheinlich auf das Schwerste schädige. Die durchgeführten Versuche geben zu derartigen Schlussfolgerungen kein Recht. Es besteht deshalb keine Veranlassung, den Pulmotor zu verbieten. Wohl aber hat die Wiederbelebungspraxis ein Interesse an weiteren Untersuchungen des Geräts.«

Es folgte ein Erfahrungsbericht der Vertreter des Rettungswesens über den Einsatz des Pulmotors in ihrem Wiederbelebungsdienst. Sie baten, eine Nutzung des Geräts nicht zu behindern. Vor Abschluss der Beratungen stellte Präsident Bumm die Frage:

»Was wissen wir vom Scheintod?«

Er bat den Physiologenkreis, sich zu einer kurzen Sonderberatung zurückzuziehen, um in Ruhe eine Antwort zu formulieren. Nach zehn Minuten kehrte die Gruppe in den Sitzungssaal zurück und ließ durch Professor Dr. Roth erklären:

»Wir wissen nichts. Die Unsicherheit in der Beurteilung des Scheintodes ergibt sich daraus, dass wir nicht wissen, ob Zirkulationsstörung, Atemstörung oder eine Störung des Zentralnervensystems vorliegen.«

Präsident Bumm fasste das Ergebnis der Beratungen zusammen:

1. *Die anwesenden Mitglieder des Ausschusses für Gewerbehygiene sind einstimmig der Meinung, dass gegen die weitere Verwendung der zur Zeit gebräuchlichen Wiederbelebungsapparate Einwendungen nicht zu erheben sind.*
2. *Mehrere Bedenken, die gegen einige Wiederbelebungsapparate geäußert worden sind, lassen wissenschaftliche Untersuchungen über die Möglichkeit einer Gesundheitsschädigung durch die betreffenden Apparate erwünscht scheinen.*
3. *Die Ausarbeitung eines Untersuchungsplans soll einem engeren Sachverständigen-Ausschuss übertragen werden.*

Fünf Jahre später, am 29. März 1927, berichtete Professor Dr. du Bois-Reymond vom Physiologischen Institut der Universität Berlin in einer Sachverständigenberatung des Reichsgesundheitsamtes:

Die Beatmung mit Pulmotor bewirkt keine Lungenschädigung, keine Schädigung des Kreislaufs und des Herzens.

Zur Ergänzung dieser Feststellungen beschloss der Sachverständigenausschuss die Verteilung eines amtlichen Fragebogens an alle Rettungsorganisationen, die mit dem Pulmotor arbeiteten. Ziel war eine genaue Dokumentation der Erfahrungen aus der Wiederbelebungspraxis. Für das Ausfüllen der Fragebögen waren ausschließlich Ärzte zuständig. Der Erhebungszeitraum waren die Jahre 1927 bis 1934. Das Ergebnis konnte erst 1937 nach sorgfältiger Analyse durch einen Facharzt in der Schriftenreihe des Reichsgesundheitsamtes veröffentlicht werden. Die amtlichen Mitteilungen schließen mit folgender Zusammenfassung:

Die theoretisch gewonnene Befürchtung, dass die Wiederbelebung mit dem Pulmotor zu häufigen Lungenschädigungen Anlass geben könne, darf als nicht begründet zurückgewiesen werden.

Früher gehegte theoretische Bedenken gegen die Anwendung der nach dem Druck-Saugverfahren arbeitenden Geräte, namentlich des Pulmotors, erscheinen, wie auch aus den tierexperimentellen Untersuchungen hervorgeht, als unbegründet.

1942 bis 1944 erfolgte eine abschließende Untersuchung der Pulmotorwirkung durch zwei Stabsärzte der deutschen Luftwaffe. Sie ergab:
- keine Schädigung der Lungenbläschen durch den Überdruck
- keine Verlangsamung der Blutzirkulation in Venen und Lungenarterien beim Einatmen
- keine zusätzliche Belastung des Herzens und keine Beeinträchtigung seiner Förderleistung
- keine Verschleppung von Schleim und Wasser in die Lungenbläschen beim Ertrinkungsscheintod.

Es wurde vereinbart, die Seenotflugzeuge mit dem Pulmotor auszurüsten.

Wir beschlossen, die Entscheidung des Reichsgesundheitsamtes so zu interpretieren, wie es sich mit unseren eigenen Erfahrungen deckte. Keiner Physiologengruppe irgendeines Landes war es bisher gelungen, für die von Hand auszuübenden Verfahren des künstlichen Beatmens eine einheitliche Beurteilung zu erreichen. Die Verfahren nach Silvester (1858) und Schäfer (1914) blieben ebenso umstritten wie das nach Howard (1871). Trotzdem fanden sie seit Jahrzehnten weltweit Anwendung.

Wir hatten nicht nur dienstliche, sondern inzwischen auch freundschaftliche Beziehungen zu einigen namhaften Physiologen der künstlichen Atmung in Österreich, England, Nordamerika, Holland und Frankreich. Sie wussten, wir saßen ihnen herzlich, aber bestimmt im Nacken. Wann immer wir miteinander sprachen, kam früher oder später von unserer Seite:

»Welches manuelle Verfahren ist denn nun das beste?«

Auch uns belagerten seit vielen Jahren die Rettungsorganisationen mit genau dieser Frage. Jeder Ernstfall verlangt den sofortigen rettenden Zugriff, er gibt keine Zeit zum Überlegen: Belebe ich heute nach Silvester, Schäfer oder Howard? Niemand kann aus dem äußeren Erkrankungsbild des Patienten den genauen Grad seiner Lebensgefahr abschätzen. Jede Minute ist kostbar.

Es gab keine einhellige Meinung zur richtigen Beatmung Verunglückter.

Das grundsätzliche Problem lag in der Unerforschtheit des Scheintods. Alle manuellen Beatmungsverfahren hatten sich eine experimentelle Untersuchung gefallen lassen müssen. Da eine einheitliche Untersuchungsmethode fehlte, waren die Ergebnisse verschieden und meist widersprüchlich. Der experimentelle Aufbau der atemphysiologischen Untersuchungsmethoden hing lange Zeit völlig in der Luft. Als er endlich systematisiert werden konnte, konzentrierte sich die Untersuchungsarbeit zunächst nur auf die durch manuelle Beatmung bewirkte Lungenventilation. Jahre später folgten Untersuchungen der Beatmungsgeräte beziehungsweise der maschinellen Überdruckbeatmung.

Und wieder begann das Suchen nach dem optimalen Aufbau der Untersuchungstechnik. Man wollte prüfen, ob sich die Überdruckverfahren in irgendeiner Weise gesundheitsschädlich auf Herz und Kreislauf auswirkten. Auch hier zunächst wieder uneinheitliche und sich widersprechende Prüfergebnisse. Die Diskussionen in Fachkreisen wurden immer turbulenter. Die eindrucksvollste Auseinandersetzung erlebten wir 1934 während des in Kopenhagen tagenden IV. Internationalen Rettungs-Kongresses. Professor Dr. Stefan Jellinek von der Universität Wien machte den Kongress mit seinem neuen Wiederbelebungsverfahren der künstlichen Beatmung bekannt. Es beanspruchte den Thorax nicht unmittelbar durch Kompression und Dekompression, sondern indirekt durch die Benutzung der Schultergelenke und ihrer Verbindung zu seinen Muskeln.

Der Vorschlag fand eine starke Gegnerschaft aus den Kreisen der Rettungsmänner allein aus dem Grund, weil ihnen damit die mittlerweile siebte Beatmungsmethode zur Wahl gegeben wurde. Gleich stark war die Gegnerschaft in der international zusammengesetzten Physiologengruppe. Dr. C. J. Mijnlieff, Amsterdam, berühmt geworden durch die Erforschung und energische Förderung des Anwendens der Methode nach Silvester, versuchte, an Dr. Jellineks Körper seine Bedenken gegen dessen neue Methode zu erklären. Für Jellineks Argumentation musste wiederum Mijnlieff höchstpersönlich herhalten. Eine Einigung über die Eignung der neuen Methode fand man trotzdem nicht. Die Physiologengruppe des Kongresses erklärte das Handverfahren nach Silvester als das beste. Sie sagte dem Verfahren nach Schäfer den Kampf an.

Schäfers Methode ist zwar die jüngere – von 1914 – und gilt deshalb als physiologisch aktueller. Die Silvesterleute halten dagegen, sie sei längst nicht so gut wie ihr Ruf. Die Schäferleute befinden ihrerseits, die Silvestermethode – von 1858 – für völlig überholt.

Sollten sich die Gelehrten streiten, die Praxis hatte sich längst entschieden. Die Rettungspraxis entschied den Streit. Für das kontinentale Europa ging der Sieg an Silvester. Man forderte allerdings die mithelfende Beteiligung des Pulmotors. Die anglo-amerikanische Rettungspraxis blieb bei Schäfer. Das Verfahren behielt auch in Frankreich regionale Verbreitung. In der Beurteilung des Pulmotors zeigten sich seit 1934 in den angelsächsischen Ländern Spaltungen zugunsten des Geräts.

Kennt man diese Fakten, ist ein Fehlen endgültiger Entscheidungen wohl zu erklären. Gemäß der Beschlüsse des Deutschen Reichsgesundheitsamtes entschlossen wir uns, die Pulmotore nicht aus der Rettungspraxis zurückzurufen und Überschüsse aus dem Geräteverkauf zur Finanzierung der Forschungsarbeit bereitzustellen.

Der Rettungsmann – Bericht eines Zeugen

Ausbildungsarbeit im Atemschutz ohne abschließende regelmäßige Übungen ist Verschwendung an Zeit, Kraft und Geld, es sei denn, dass jemand durch berufliche Arbeit unter Atemschutz in Übung bleibt und hinzulernt. Daraus ergibt sich, dass jeder Atemschutz ein bestimmtes Maß an Organisation verlangt. Halbverstandener oder unorganisierter Atemschutz ist weniger wert als keiner, er ist gemeingefährlich. Daran kann das beste Atemschutzgerät nichts ändern, denn seine richtige Anwendung bleibt vom Menschen abhängig.

Dr.-Ing. E. h. Bernhard Dräger

Was für ein herrlicher Morgen! Die Sonne strahlte über Fördertürme und Maschinenhallen, über die Ofenbatterien der Kokereien, russische Schlote und das Grün drum herum. Ich war auf dem Weg zum Pütt[1]. Vor und hinter mir stapften tausende eisenbeschlagene Bergmannsstiefel über den Schotter der ausgefahrenen

---

[1] Bergwerk, Zeche

Zechenstraße. Tausende blankgescheuerte Kaffeeteuten[1] blinkten im Morgenlicht. Der eine oder andere hatte seinen Henkelmann dabei, die Mittagssuppe also immer griffbereit.

Auf der Hängebank steckten mich der Fahrsteiger und der Kauwärter[2] in einen frisch gewaschenen Grubenanzug. Die Männer erkannten, ich gehörte nicht wirklich zu ihnen. Ich trug meine eigene Kappenlampe. Der Ruhrbergmann hat sonst nur eine Handleuchte für die Arbeit in den engen Bauen. An meinem linken Arm prangte das grünsamtene Erkennungszeichen der schlesischen Rettungsmänner: das Malteserkreuz mit Schlägel und Eisen[3]. Die Männer tuschelten. Was der wohl hier wollte? Ich klärte sie auf: Meine Aufgabe waren Messungen vor Ort. Ich hatte die Querschnitte einiger Stapel und ihre Fahrthemmungen für Einzelheiten des Gasschutzgerätebaus zu ermitteln.

Auf der sechsten Sohle verließen wir die Förderschale. Ich kannte den Anschläger, einen Westfalen. Er überragte mich um Längen. Sein »Glückauf« übertönte das Gepolter der heranrollenden Grubenwagen. Meine Hand verschwand in seiner schwarzen Faust.

Unsere Kumpels hatten sich in die Wagen eines aufrangierten Grubenzuges gesetzt. Der Fahrsteiger wies mich in einen Grubenwagen hinter der elektrischen Zugmaschine. Mit 40 km/h Geschwindigkeit fuhr der Grubenzug vom Füllort hinein in das Halbdunkel des Hauptquerschlags bis tief in das Grubenfeld zur Nähe der Arbeitspunkte.

Ich begann meine Arbeit im Flöz »Finefru« mit der Befahrung eines Aufhauens. Nach mehrstündigen Untersuchungen tastete ich mich über die rutschigen Fahrten eines Stapels zur sechsten Sohle. Ich musste mich erst einmal setzen und durchatmen. Der Fahrsteiger nahm neben mir Platz. Er wirkte sehr angespannt, schien nach irgendetwas zu horchen. Aus der Tiefe des Berges drang für mich nur das gewohnte Geräusch des Betriebes. Wir lagen kurz vor der Richtstrecke, nach fünfzehn Minuten Marsch sollten wir am Füll-

---

[1] Kaffeeteute = Kaffeekanne
[2] Kaue: Umkleide-, Waschräume
[3] Werkzeug der Bergleute, später: Hammer und Meißel

ort sein. Die Strecke war mit Gesteinsstaub beblasen. Ich hatte die hinter uns liegenden Gesteinsstaubsperren in Ordnung gefunden. Es gab nichts, was mich beunruhigte. Die Schüttelrutschen knarrten und rasselten wie immer. Und wenn der Rutschenmotor aus dem Takt geriet, dann schlug der Junge, der oben im Querschlag hockte, mit einem Stempel kräftig drauf, und das lärmende Band arbeitete wieder. Für mein Verständnis war alles normal.

Die dumpfen Schläge und das zitternde Nachrollen, wie es uns vor der letzten Wettertür im Ableitungsquerschlag erreichte, kam sicherlich von der Schießarbeit. Diese Grube galt als schlagwetterarm. Meine Sorge galt daher etwas ganz anderem: Ich hatte ziemlichen Hunger. Wir packten unsere Brote aus.

Wir kannten uns seit 1913 von den Rettungsarbeiten auf der Zeche »Lothringen« bei Bochum. Er hatte so manchen Rettungseinsatz mitgemacht. Wir kamen auf Vergangenes zu sprechen. Er erzählte:

»Wir saßen wie jetzt auf den Gezähekisten, stillvergnügt Brote schmierend. Da kam aus dem in das Flöz ›Finefru‹ vorgetriebenen Querschlag eine flüchtende und rufende Gruppe. Was war geschehen? Aus den Berichten war eins klar: Schlagwetter in Revier 17 entzündet; durch Gesteinsstaubsperren aufgehaltene Explosion, zwei Kameraden in den Schwaden zusammengebrochen.

Wir eilten zum Füllort. Wir sahen, dort war die Nachricht bereits angekommen. Durch das Schachttelefon gingen die Anrufe an den Wettersteiger, an den Maschinensteiger und an den Betriebsführer. Die Betriebspunkte der neunten Sohle wurden stillgelegt. Wir krochen – an die 60 Mann – auf die Förderschalen. Raus!

Auf der Hängebank waren die angerufenen Männer versammelt, beherrscht und eisern ruhig. Im Verbindungsgang zur Lampenbude tauchten die ersten Mannschaften der Grubenwehr mit umgehängten Sauerstoff-Gasschutzgeräten des »Modells 1924« auf. Der Alarm hatte geklappt. Die amtliche Hauptrettungsstelle war durch Fernruf benachrichtigt. Vertreter der Zechendirektion traten fragend zu der Gruppe, die meinen Bericht hörte. Da Explosion und Brand sich in den Gesteinsstaubsperren totliefen, war die größte Gefahr gestoppt. Die Nachschwaden zogen zur Wettersohle

Der Alarm hatte geklappt. Die amtliche Hauptrettungsstelle war durch Fernruf benachrichtigt.

ab. Die in den Streben 9 und 10 liegenden Hauer blieben durch Schwaden gefährdet. Die Geflüchteten wussten nicht, ob die Zurückgebliebenen durch die Explosion getötet wurden. Sie mussten so oder so geborgen werden.

Ich übernahm die Führung der Wehr. Der Arbeitsplan lag fest. Noch einmal wurden die Atemschutzgeräte überprüft. Sie erwiesen sich als dicht. Die Sauerstoffzylinder zeigten 150 at Füllungsdruck; die Alkalipatronen rasselten hell. Los! Wir fuhren zur 700-Meter-Sohle. Am Füllort wurden die Geräte noch einmal gegenseitig überprüft und in Tätigkeit gebracht. Jeder sicherte seine Mundatmung und zog die Lederkappe tief über Stirn und Hinterkopf. Niemand wusste, wie weit die Wetterführung[1] gestört sein könnte.

In hartem Marsch drangen wir in dem langen Wetterquerschlag vor. Der Trupp war sechs Mann stark. Die Atemventile der Geräte klappten in taktbeständigem Rhythmus hoch und nieder. Die Männer atmeten hinter dem Triplexglas der Schutzbrillen, suchten hin und her die Strecke ab. Das unter uns herrschende Schweigen wurde Ausdruck höchstgespannter Aufmerksamkeit. Im Gleichschritt stampften und klapperten die schweren Grubenstiefel über die Streckensohle, über Gleisschwellen und entlang an der Wasserseige. Die Firstbeleuchtung blieb hinter uns. Das Licht der elektrischen Handlampen flackerte suchend und tastend über die Zimmerung.

Ich sammelte den Trupp vor einem Diagonalquerschlag, der 35 Grad auf 100 Meter Länge anstieg. Der Längste der Männer wurde zuerst über die Fahrt geschickt, wir anderen folgten in abgestufter Größe. Die Befahrung verlangte stärksten Kräfteaufwand, da sie in einem Zuge zu geschehen hatte. Die Atemventile der Geräte spielten in der pumpenden Atmung in schnellstem Wechsel auf und ab. Der Schweiß rann über Gesicht und Körper. Wohl war die Traglast des über den Hüften verschnallten Geräts nicht mehr fühlbar. Die Zähne lagen wie festgeklebt in den Gummipolstern des Mundatemstücks. Aber die Temperatur überstieg 28 Grad Celsius und die Befahrung steigerte sich zum Geschwindschritt. Wir wollten

---

[1] Leitung der Frischluft in den Grubenbauen

die in den Streben 9 und 10 liegenden Hauer noch lebend antreffen.

Alle Muskeln waren angespannt, jede Bewegung eine unter fester Körperbeherrschung stehende, trefflich regulierte Energieentspannung. Ohne die belebende Wirkung der Sauerstoffatmung aus den Zirkulationswegen des Geräts hätte die schwere Befahrung nicht durchgeführt werden können.

Die nägelbeschlagenen Truppstiefel klapperten im Marschtakt über die eiserne Fahrt. Das Gleitkabel am torkretierten[1] Gebirge wurde klebrig durch schwitzende Hände. Ich sah suchend in das Dunkel – 70 Meter lagen wohl hinter uns. Ich suchte die in den Berg eingehauenen Entfernungsmarken. Da: 80 Meter. Ich fühlte, wie der hinter mir nachsteigende stellvertretende Gerätewart die Hand auf die Alkalipatrone meines Geräts legte und zurückzuckte. Die Patrone war hocherwärmt. Ich gab den Griff an die Patrone des Vordermannes weiter. Der tat dasselbe. Es war alles in Ordnung. 90 Meter, endlich 100 Meter. Wir standen im Ausbau einer Wettertür. Ein schriller Pfiff aus meiner Gummiballpfeife signalisierte ›Ausruhen‹! Schwer legten sich die Männer auf die Sohle nieder. Keiner atmete krisenhaft. In guter Atemtechnik hatten sie die schwere Fahrung geschafft. Die Sauerstoff-Vorratsmesser zeigten einen durchschnittlich gleichen Sauerstoffverbrauch. Keiner hatte die Sauerstoffzusatzatmung aktiviert. Jeder wusste: Die schwerste Fahrt stand uns noch bevor.

Jeder wusste: Die schwerste Fahrt stand uns noch bevor.

Los! Durch den südwestlichen Wetterquerschlag der 600-Meter-Sohle, durch die Wetterrichtstrecke und den Wetteraufbruch zu den Streben im Flöz ›Finefru‹. Das Flöz hatte eine Mächtigkeit von 75 bis 80 Zentimeter. Da hob der als Vordermann vordringende Unterführer die Lampe seitlich schwenkend bis Kopfhöhe. Die Wetter zeigten eine sichtbare Veränderung. Im Schein der Geleuchte wirbelte ein nebelhafter Schwadenabzug. Waren wir in Lebensgefahr? Ich prüfte die Sauerstoffvorratsmesser. 45 Minuten Fahrung waren vergangen. Die noch vorhandenen Sauerstoffvorräte erwiesen sich als ausreichend.

---

[1] mit Spritzbeton stabilisiert

Nun waren wir oberhalb des Strebs 9. Es galt, den niedrigen Bau abzusuchen. Der Unterführer knotete die Sicherheitsleine in den Bauchgurt. Der Trupp ließ sich in den Sitz nieder und rutschte in das Mundloch des Strebs. Haltepfiff! Unterführer und zwei Mann setzten die Fahrt rutschend fort. Die Sicherheitsleine wurde, aus meinen Händen abrollend, nachgezogen. Nach wenigen Minuten waren die drei, die Handlampen auf der Sohle vorschiebend, hinter dem Stempelgewirr verschwunden. Noch immer rollte die Leine langsam ab. Kamen wir noch rechtzeitig? Hatten die Gefährdeten die Kraft gefunden, die Streben zu verlassen? Kamen wir zu spät? Wir hatten eine schnelle und kühne Fahrt hinter uns. Gott stehe uns bei!

Ich hielt die Blicke auf die Bewegungen der Sicherheitsleine gerichtet. Nun lag sie still. Sie war bis zur 50-Meter-Marke abgerollt. Wir rutschten dicht heran. Da – ein Ruck, wieder einer, bis fünfmal: Alles wohl! Jetzt wieder ein langsames Abrollen. Bis zur 60-Meter-Marke. Und dann drei schrille Gummiballpfiffe. Gefunden! Ich gab drei Gegenpfiffe.

Im Wetteraufbruch liegt eine hölzerne Fahrt. Sie wird mit Stichsägen zu zwei Tragen zerschnitten. Die Sprossen werden mit Brettern abgedeckt. Vorwärts!

»**Ihr müsst arbeiten wie Berufseinbrecher, für jedes Ding nur den nötigsten Kräfteaufwand.**«

Das war ein schweres Stück Arbeit. Wir mussten die Tragen um die freistehenden Stempel herumleiten, bald auf dem Rücken, bald auf Bauch oder der Seite vorwärts kriechend. Ich gab die Kommandos durch Kehllaute, Kopf- und Handbewegungen, denn die Mundatmung verbietet jeden Versuch, zu sprechen. Schon ein geringes Hineinlecken giftiger Grubengase kann verhängnisvoll werden. Der Trupp arbeitete fast maschinell, jede überflüssige Bewegung vermeidend. Ich wurde erinnert an Sir Cadmans Ruf an die englischen Grubenrettungsleute: ›Ihr müsst arbeiten wie Berufseinbrecher, für jedes Ding nur den nötigsten Kräfteaufwand.‹ Die Männer erschienen mit ihren Gasschutzgeräten verbunden wie mit einem natürlichen Körperteil.

Mit unsäglicher Mühe wurden die Tragen durch die Hindernisse geholt. Endlich leuchteten uns die Handlampen der drei Vormänner entgegen. Wir waren vor Ort. Wir durften keine Zeit mit

Feststellungen verlieren, ob wir Lebende oder Tote vor uns hatten. Die Gefundenen wurden mit Rettungsgürteln auf die Tragen geschnallt. Und nun kam der Arbeit sauerster Teil. Über 40 Meter Streb waren noch bis zum Aufbruch zu befahren. Kriechend und rutschend, die belasteten Tragen behutsam vorwegschiebend und nachziehend, wurden sie zurückgelegt. Der Aufbruch war erreicht. Nun zur 700-Meter-Sohle. Wir wussten, dort war im frischen Wetterstrom eine Bereitschaftsstelle mit Wiederbelebungsgeräten. Es war keine Minute zu verlieren.

Jetzt hastete der Trupp noch einmal mit ganzem Kräfteaufwand durch die Strecke. Ich gab ein dreifaches Pfeifensignal. Drei Pfiffe antworteten. Wir wurden erwartet. In wenigen Minuten hatten wir die Bereitschaftsstelle erreicht. Das Bergungswerk war getan.

Die Mundatmung wurde gelöst. Ich legte mich in die Kohle. Die anderen standen still neben den Helfern. Die bewusstlosen Hauer lagen schon unter den Masken der Beatmungsgeräte. Beide Körper waren mit warmen Decken umhüllt. Die Geräte arbeiteten im Atemtakt – 14 Intervalle in der Minute. Der Heilgehilfe gab Lobelin-Injektionen. Eine Viertelstunde verging – kein Erfolg.

Der Heilgehilfe gab die zweite Lobelin-Spritze. Klopfend arbeiteten die Beatmungsgeräte weiter. Nun lagerte die ganze Gruppe in schweigender Andacht am Hilfsort. Noch eine halbe Stunde. Zeigte sich nicht eine leichte Schluckbewegung? Oder war es eine Täuschung?

Zeigte sich nicht eine leichte Schluckbewegung? Oder war es eine Täuschung?

Jetzt hob der Unterführer das kohlenschwarze Gesicht und sah mit schimmernden Augen durch die harrende Runde: ›Sie leben beide! Gott sei es gedankt!‹ Und nun konnten wir beobachten, wie sich das Gelöstsein der Glieder änderte. Der Beatmungsrhythmus der Geräte wurde unregelmäßig, weil die Atmung der Behandelten langsam zurückkehrte. Da schlug der eine, dann der andere die Augen auf, nur zu einem Blick. Der Helfer hob die Atemmasken der Geräte ab und gab reinen Sauerstoff. Die Männer waren gerettet.

Nachher saßen wir ungewaschen und ungebadet im Geräteraum der Rettungsstelle. Wie die Wölfe fielen wir über warme

Würstchen, belegte Brötchen und Getränke her. Eine stille, heilige Freude war in uns.

Bei uns saßen der Bergassessor und der Betriebsführer. Es wurde spät. Wir besprachen jede Einzelheit der Rettungsarbeiten. Die benutzten Geräte standen vor uns; sie waren verbeult. Das würde der Gerätewart wieder zurechthämmern, ohne diese Ehrenwunden ganz zu entfernen. Die verbrauchten Alkalipatronen waren ausgebaut. Die Befahrung mit angeschlossenem Atemschutzgerät hatte zwei Stunden und drei Minuten gedauert. Verbraucht waren durchschnittlich 280 Liter Sauerstoff je Gerät. Der Trupp erreichte mit 20 Liter Sauerstoff je Gerät den frischen Wetterstrom. Wir durften auf das Geleistete stolz sein. Ausbildung, Atemtechnik und Training hatten zu einem lückenlosen Ablauf und Zusammenarbeiten geführt. Wir sangen das Steigerlied, und wir dachten dabei an die Beschützerin des Bergmanns, die Heilige Barbara.«

Während seiner Erzählung waren die vor Ort arbeitenden Kumpel dicht an uns herangerückt. Sie lehnten am Stoß oder hockten auf der Sohle. Aus den kohlenschwarzen Gesichtern leuchtete das Weiß ihrer Augen. Langes Schweigen. Dann kam einer nach dem anderen und gab ihm die Hand.

»Glückauf, Fahrsteiger.«

Unsere Pause war zu Ende.

Jahre später suchte ich die Aufzeichnung dieses schweren Rettungswerks wieder hervor. Sie wurde Inhalt des Drehbuchs für den ersten Grubenrettungsfilm in Europa, den Tonfilm »Grubenbrand«.

Der Aufbau des Gasschutzes in Europa

Die große Herausforderung lautete, Vertrauen in die Schutzwirkung der Geräte zu schaffen. Keine leichte Aufgabe. Als ich mich zur Mitarbeit am Aufbau der Gasschutzorganisation eines Hüttenwerks verpflichtete, bat man mich als Erstes hierum: Die Vorführung der Befahrung einer Rohgasleitung mit dem von mir vorgeschlagenen Atemschutzmodell »Modell 1910«. Ich wusste, das Leitungsgas enthielt mehr als dreißig Prozent Kohlenoxyd. Die geringste Undichtigkeit des Sauerstoff-Schutzgeräts, und dies wäre wohl mein letzter Testlauf. Keine Frage: Ich erklärte mich zu der geforderten Beweisführung bereit.

Mein Vertrauen in unsere Geräte lag bei 100 Prozent. Außerdem beabsichtigte ich, diese Vorführung als Ausgangspunkt für meine geplante Ausbildungsarbeit zu nutzen. Alles lief bestens, das Gerät bewährte sich wie erwartet. Der Bann war gebrochen. Nach wenigen Schulungstagen in dem Hüttenwerk ließ ich einen betriebssicher arbeitenden Gasschutztrupp zurück.

Dräger wurde aufgefordert, an der Organisation des Hüttengasschutzes in Luxemburg und Ostfrankreich mitzuarbeiten. Unsere französischen Freunde machten ihre Entscheidung ebenfalls von einem Versuch abhängig. Der erste Abschnitt führte einen unserer

Ingenieure in die enge Einsteigöffnung des Gehäuses für ein gasabblasendes Hauptventil; der zweite Versuchsabschnitt zwang mich zu einer Befahrung unter Gichtgas. Beide Versuche überzeugten.

Das persönliche Beispiel, das wir den Zweiflern lieferten, schaffte sofort Vertrauen. Es machte sie mutig. Erst nach längerer Ausbildungs- und Übungszeit geht ein Gasschutzmann ohne Hemmungen in Räume, Rohrnetze oder Untertagebaue, in denen gifte Gase seinen Tod bedeuten könnten. Man erwartet hier allerdings keine Angst, sondern höchst produktive Arbeit. Keine Zeit, an sich zu denken, es geht um die Rettung anderer. Das funktioniert natürlich nur, wenn man auf den eigenen Schutz vertraut beziehungsweise die Geräte, die diesen Schutz sichern.

Ein unglaubliches Vorbild für den Einsatz um die drägerschen Bemühungen war Walter Mingramm, der erste Dräger-Repräsentant in den USA und Mexiko. Um bei dem Aufbau einer bergmännischen Rettungsorganisation in den Vereinigten Staaten und in Mexiko zu helfen, zog er 1906 und 1907 höchstpersönlich mit einer Maultierkarawane durch die Minendistrikte. Wochenlang übte er mit den Rettungsmännern. Er tauchte in Gas und befuhr die gefährdetsten Betriebspunkte. Mingramm, der sich für seinen Beruf aufrieb, starb 1926 als 43-jähriger Mann in Holland. Wir begruben ihn in Den Haag. Bernhard Dräger sagte an seinem Grab:

»Ich danke dir für alles, was du mir im Leben gewesen bist. Du hast jetzt deinen Frieden, die Ruhe, die du im Leben nie gefunden hast. Wir wollen dir ein hohes Andenken bewahren in allen Zeiten. Wir wollen es übertragen auf unsere Kinder und Kindeskinder und auf alle, die dir im Leben nahe standen.«

Charles Ottmar Merten, Chef der ehemaligen Dräger-Vertretung Bach & Cie. und unser Repräsentant für den französischen Raum, gelang es, die Gasschutzversorgung der Hütten im Abonnement zu übernehmen. Das Ganze war ein Novum. Mit dem Abonnement übernahmen Bach & Cie. und Dräger neben der gerätetechnischen Versorgung die Verpflichtung zur Gerätekontrolle sowie zur Ausbildung der Gerätewarte und Gastrupps. Welch ein Vertrauensbeweis der französischen und luxemburgischen Hüttenverwaltungen! Ottmar Merten, sein Sohn Jean und sein Ingenieur Brandt unterstützten die mit fast tausend Gasschutzgeräten ausgerüsteten Hüttenreviere auf regelmäßigen Inspektionsreisen.

Karl Bender und ich hatten eine ähnlich verantwortungsvolle Aufgabe vor uns. Der Injektorbetrieb hatte sich bei den schweren Rettungsarbeiten auf Schachtanlage Minister Stein bei Dortmund mehr als bewährt. Die Grubenwehrmänner an Ruhr und Rhein nun von der Umstellung ihrer Atemschutzausrüstung auf Geräte mit Lungenkraft zu überzeugen, war ein harter Brocken. Es geschah im Einvernehmen mit den zuständigen Hauptrettungsstellen und den Zechenverwaltungen. Wir riefen die Männer in fünf Revierzentren zusammen. Zu den Rettungsleuten und Gerätewarten von den Zechen kamen die Gastruppführer der Hütten und Kokereien und der Kommunal- und Werkfeuerwehren. Keiner der im Grubendienst verantwortlichen Männer fehlte. Da waren die in der Entwicklung des Grubenrettungswerks führenden akademischen Bergleute, die seit 1906 unter der Initiative der Westfälischen Berggewerkschaftskasse, des Bergbaulichen Vereins und der Knappschaftsberufsgenossenschaft nicht zuletzt auf Anruf des Bergwerkdirektors G. A. Meyer auf Shamrock in Herne tätig geworden waren. Beratend stand uns Bergassessor Dr.-Ing. Forstmann zur Seite, der Organisator des vom Bergbaulichen Verein für den Oberbergamtsbezirk Dortmund aufgebauten Grubenrettungswerks. Als Berater fungierten auch Professor Stegemann von der Technischen Hochschule in Aachen und der Hochofen-Direktor Hans Schnettler von Hoesch in Dortmund, der Organisator des produktiven Hütten-Gasschutzes. Knappschaftsärzte waren anwesend und Zechendirektionen hatten ihre verantwortlichen Dezernenten delegiert.

Die den Geräten beiliegenden Gebrauchs- und Prüfvorschriften verlangten eine ausführlichere Erklärung der Atemvorgänge, als sie bei den Injektorgeräten hingenommen werden konnten. Die Hauptrettungsstelle Essen wurde unser Stützpunkt für diese Zeit, von hier ausgehend führten wir Experimental-Grubenfahrten durch etliche Zechen durch. Truppführer, Gerätewarte und Rettungsleute der jeweiligen Gruben haben uns dabei sehr geholfen.

Als Ergebnis konnten wir dem Hauptverantwortlichen für das Grubenrettungswesen im Oberbergamtsbezirk Dortmund, Bergassessor Dr.-Ing. Forstmann, von der gesicherten Bearbeitung gut verständlicher und ausreichender Gebrauchsvorschriften Bericht erstatten. Unwissenheit über den Gerätegebrauch konnte nun als Risikofaktor in Rettungsaktionen so gut wie ausgeschlossen werden.

Experimentalbefahrungen fanden quer durch Europa statt.

Von Ruhr und Rhein verlagerten wir die Experimentalbefahrungen mit dem Bergbaugerät »Modell 1924« nach Ober- und Niederschlesien, in die Reviere um Beuthen und Kattowitz, um Waldenburg und Neurode. Für diese Gebiete waren die Hauptrettungsstellen Beuthen/OS und Waldenburg/NS die Stützpunkte unserer Arbeit, für die polnischen Gebiete war es die Hauptrettungsstelle Barbara in Mikolow. Die Befahrungen in den östlichen Grubenrevieren waren nötig, weil die Kohlegewinnung infolge einer besonderen Formation der Lagerstätten mit anderen Abbaumethoden arbeitete, als sie der deutsche Westen zeigte.

Von dort zogen wir in die Tschechoslowakei, in die Reviere um Mährisch-Ostrau und Karwin, um Brüx, Falkenberg und Pribram. In Ölsnitz im sächsischen Erzgebirge, auf der mitteldeutschen Kaligrube Alexandershall, in den bayerischen Gruben Hausham und Peißenberg, das bis in die jüngere Zeit Standort meiner eigenen Prüfbefahrungen für neukonstruierte Geräte blieb, brachten wir unsere Studienfahrten zu Ende.

Die Regierungen der einzelnen Nationen haben sich wenig um die Anfänge des Gasschutzes gekümmert. Erst als das Gasschutz-Rettungswesen in jedem Land ohne jegliches staatliches Mitwirken ein klar erkennbares Organisationsbild zeigte, reagierte man. Prompt folgten die ersten Gesetze und Bestimmungen. Diese Entwicklung war überall gleich. Diese scheinbaren Reglementierungen ließen ausreichend Spielraum. Selbst den strengsten Regierungen kam es nicht in den Sinn, Kameradschaft und Nächstenliebe in Paragraphen festzuzurren.

Dräger-Rettungsgeräte in einer tschechoslowakischen Grube

Solange der Gasschutz kein Mittel der Landesverteidigung war, blieben die Gasschutzorganisationen ohne Beeinflussung durch die Staatsverwaltungen. Das wurde nach 1919 grundsätzlich anders. Man konnte beobachten, wie in Europa hier und da staatlich unterstützte Gasschutzorganisationen entstanden, die alle Rettungseinrichtungen sowie einen großen Teil der Gasschutzmittel der industriellen und gewerblichen Betriebe erfassten. Gasabwehr im Rettungswesen und in der zivilen Produktion, Gasabwehr für Zwecke der Landesverteidigung. Ein Gegenwartsbild Mitte der Zwanziger Jahre. Der Gasschutz hatte nun zwei Gesichter: ein humanitäres und ein dem Krieg zugeneigtes.

In diesen Jahren begann die Schweiz, ihre zivile Gasschutzorganisation mit Bernhard Drägers Gerätekonstruktionen des Jahres 1924 auszurüsten. Man orderte das Einstundengerät Dräger-Tübben (Selbstretter) und das lungenautomatische HSS-Gerät. Die vorhandenen Injektorgeräte wurden außer Dienst gestellt.

Nach dem Ersten Weltkrieg entdeckten die staatlichen Verwaltungen aller Nationen den Gasschutz.

Die Eidgenossenschaft schuf eine Zentralhilfsorganisation des Gasschutzes, die alle Gasschutztrupps der Berufs- und freiwilligen Feuerwehren, der Sanitätsformationen, der Industrie und des Gewerbes, der Bundesbahnen, der Gaswerke und der Elektrizitätswerke umfasste.

Weitere Entwicklungsarbeiten

Jahrelang klangen in uns Bernhard Drägers Worte im Rahmen einer Dräger-Sitzung der Führungskräfte im Frühjahr 1927:

»Meine Herren, ich habe Sie und den Betrieb in den letzten Jahren vor harte Aufgaben stellen müssen. Sie haben sie mit mir getragen. So sind wir zurechtgekommen. Wenn es möglich wurde, den Gasschutz des Rettungswesens mit verbesserten Geräten zu versorgen, so ist es jedem Ingenieur, den technischen Zeichnern, den Meistern, den Werkzeugmachern, Mechanikern, Schlossern, Drehern, Klempnern, unseren Maschinen- und Elektroleuten zu verdanken. Ich will mit dieser Aufzählung sagen: Das Werk stand hinter mir. Ich habe von Ihnen verlangt, meiner Führung zu vertrauen. Sie haben, von meinen Absichten genau in Kenntnis gesetzt, mir vertraut. Darin liegt das Geheimnis unserer guten Arbeitsergebnisse.

Noch ist nicht alles getan. Wir müssen die Typen unserer Klein-Gasschutzgeräte, die Modelle der Jahre 1923 und 1924, weiterentwickeln. Der an diesen Geräten freiliegende Atembeutel muss mit den Regenerationsteilen des Geräts axial zusammengebaut, und das Ganze muss unter schützende Kapselung gebracht werden. Sie kennen die von mir begonnenen Versuche. Erst mit der Beendi-

Bernhard Dräger überzeugte sich oft selbst vom Fortgang der Arbeiten in den Werkstätten.

gung dieser neuen Konstruktionsarbeit ist der Entwicklungsgang unserer Geräte für längere Zeit abgeschlossen. Wir haben in Amsterdam feststellen können, dass die Führung der internationalen Geräteschutztechnik bei uns geblieben ist. Es gilt, diesen Vorsprung zu verteidigen. Das wird nicht leicht sein. Alle Vorbedingungen, auch hier zu guten Ergebnissen zu kommen, liegen in unserer Hand.

Die wirtschaftlichen Grundlagen des Werks dürfen von mir als wieder gesund bezeichnet werden. Trotzdem werde ich in unseren wirtschaftlichen Verfahren Vorsicht walten lassen. Denn noch können wir nicht sagen, die Nachwehen des verlorenen Krieges seien überwunden. Aber ich glaube, es verantworten zu können, meiner Anerkennung der Leistungen aller eine anspornende Tat folgen zu lassen. Ich habe deshalb nach pflichtgemäßer Prüfung der heutigen Kassenverhältnisse und der Zahlungseingänge die Absicht, Ihnen, den Angestellten und der Belegschaft, einen einmaligen, für jeden einzelnen bemerkenswerten Betrag zu überweisen. Mit ihm wird es möglich sein, lange hinausgeschobene Anschaffungen an Kleidung, Schuhwerk und Hausrat zu besorgen und den Kindern unverhoffte Freuden zu machen. Für Familien, die durch Erkrankungen und anderes in besondere Bedrängnis gerieten, werden Sonderzuweisungen möglich sein. Ich entnehme dieses Kapital aus dem Werkanteil, der mir in den letzten drei Jahren zustand.

Ich bin damit beschäftigt, die Festsetzung der Gehälter und Löhne einer Neuordnung zu unterziehen. Sie mussten im November 1923 aus Gründen der Währungsstabilisierung nach der damals geltenden Rentenmarkgrundlage berechnet werden. Sie werden heute weder den mir entgegengebrachten Arbeitsleistungen noch der beginnenden Stabilisierung der Mark gerecht. Ich werde einen Weg finden, der für das Werk beschreitbar ist. Ich will das Mögliche tun, die bewiesene Arbeitsfreudigkeit zu erhalten.«

Endlich gab es einen internationalen Austausch auf dem Gebiet des Gasschutzes

Was hatten wir in Amsterdam erlebt? Sieben Jahre nach dem Friedensschluss 1919 war es dem Organisationsausschuss der Internationalen Vereinigung für Rettungswesen und Erste Hilfe bei Unfällen – vor allem dank der Tätigkeit seines Generalsekretärs Dr. med. C. J. Mijnlieff – endlich möglich, den III. Internationalen Rettungskongress nach Amsterdam zu rufen. Und alle kamen. Welche große Bedeutung der Kongress hatte, zeigt die Liste der teilnehmenden Nationen. Vertreten waren: Ägypten, Argentinien, Belgien, Chile, China, Dänemark, Deutschland, England, Estland, Finnland, Frankreich, Griechenland, Holland, Italien, Niederländisch-Indian[1], Kanada, Norwegen, Monaco, Österreich, Panama, Polen, Rumänien, Schweiz, Siam[2], Spanien, Schweden, Tschechoslowakei, Türkei, Ungarn, Uruguay und Venezuela. Vertreter aus Bulgarien, Brasilien, Japan, Russland und den Vereinigten Staaten von Nordamerika, Ländern also, in denen ein mit großen Mitteln aufgebautes Rettungswesen existierte, fehlten.

Als Leiter der deutschen Delegation wirkte der Präsident des Reichsgesundheitsamtes, Geheimrat Professor Dr. Bumm, ein

---
[1] heute Indonesien
[2] heute Thailand

Mann mit vielen Auszeichnungen. Der Krieg, seine Ursachen und sein Ausgang, hatten das Ansehen Deutschlands unter den aktiven Männern des Rettungswesens nicht zerstören können.

Die Regierung der Niederlande und die Stadtverwaltungen, in deren Bezirk Tagungen stattfinden, empfingen die Teilnehmer des Kongresses mit uneingeschränkter Gastlichkeit. Die Eröffnungssitzung des Kongresses tagte im Kolonial-Institut zu Amsterdam. 104 wissenschaftliche Vorträge folgten bis Ende des Symposiums.

In den Organisationserläuterungen des Kongresses befand sich folgender, unscheinbar wirkender Abschnitt:

Der Organisationsausschuss hat im Einvernehmen mit den nationalen Ausschüssen eine Anzahl führender Sachverständiger ersucht, einen Vortrag mehr allgemeinen Interesses zu halten.

Die Vorträge bildeten die Grundlage der ganzen Beratungstätigkeit des Kongresses. Sie waren stets von allen Mitgliedern der Tagung besucht. Wir fühlten uns geehrt, in dieser in den Brennpunkt der internationalen Anteilnahme gestellten Vortragsgruppe drei Vorträge zu finden, die sich unmittelbar mit unserm Arbeitsgebiet beschäftigten:
1. Professor Dr. Korff-Petersen, Direktor des Hygienischen Instituts der Universität Kiel: »Künstliche Atmung durch Pulmotor und andere Apparate, besonders in Hinsicht auf die Frage, ob künstliche Atmung durch den Pulmotor zweckmäßig ist.«
2. Ministerialrat Hatzfeld, Referent im Preußischen Ministerium für Handel und Gewerbe, Grubensicherheitsamt Berlin: »Die Organisation der Rettungswerke im deutschen Bergbau.«
3. Dr.-Ing. Forstmann, Bergassessor, Essen: »Die im Bergbau verwendeten Gaschutzgeräte und die heutigen Anforderungen an sie.«

Der Kongress stellte damit den »Pulmotorstreit« und die Neuausrüstung des bergmännischen Rettungswesens mit Lungenkraftgeräten zur internationalen Diskussion. Das geschah durch deutsche Vortragende, deren Sachverständigkeit international anerkannt war.

Plötzlich waren Bernhard Dräger und unser wichtigstes Arbeitsgebiet wieder in das Licht der Weltöffentlichkeit gestellt. Männer des deutschen, englischen, französischen, holländischen und belgischen Grubenrettungswesens scharten sich um ihn, und wir bemerkten, wie sehr ihn diese Anerkennung freute. Mit den Argentiniern plante er den Neuaufbau des Sauerstoff-Rettungswesens ihres Landes.

Da kam in einer der Plenarversammlungen der Vortrag des Professors Dr. Korff-Petersen. Wir folgten gespannt einer bedachten Auseinandersetzung mit den Pulmotor-Streitfragen, der internationalen Kritik und der Wirkungsweise des Geräts. Das Auditorium folgte mit stärkster Anteilnahme. Korff-Petersen fasste zusammen:

»Der Pulmotor ist ein Überdruckapparat, und er kehrt dabei die physiologischen Bedingungen vollkommen um. Inhalation: Überdruck; Exspiration: Unterdruck. Dafür, dass hierdurch Schädigungen der Lunge entstehen, liegen Beweise jedoch nicht vor. Dagegen scheint die Dehnung der Lunge reflektorisch anreizend auf das Herz zu wirken. Beweise dafür, dass die Druckumkehr das Herz schädige, sind nicht erbracht. Die Möglichkeit, dass der Pulmotor, statt die Lunge aufzublähen und wieder zu entleeren, die Luft in den Magen presst und in der Saugphase Mageninhalt ansaugt, ist vorhanden. Jedoch können die damit verbundenen Gefahren durch einen einfachen Handgriff verhütet werden. Die zahlreichen Wiederbelebungen, bei denen der Pulmotor angewendet wurde, sind zwar kein sicherer Beweis für seine Wirksamkeit, sie sprechen aber doch gegen die Annahme, dass der Pulmotor mehr schade als nütze, und sie lassen ihn eher als eine Bereicherung der Wiederbelebungstechnik erscheinen. Um ein endgültiges Urteil abgeben zu können, müssen allerdings die Ergebnisse der im Hang befindlichen Untersuchungen abgewartet werden.«

Der Vortrag hinterließ einen nachhaltigen Eindruck. Er wurde in den Abteilungen I (Erste ärztliche Hilfe bei Unglücksfällen) und VII (Rettungswesen im Bergbau und in verwandten Betrieben), die

die Methoden des künstlichen Beatmens in einer eigenen Arbeitssitzung diskutierten, zustimmend eingebunden.

Die Vorträge des Ministerialrates Hatzfeld und des Bergassessors Dr.-Ing. Forstmann sprachen von dem äußerst erfolgreichen Wiederaufbau des bergmännischen Rettungswerks in Deutschland und von der gerätetechnischen Ausrüstung seines Atemschutzes. Letztere bestand damals bereits zu 90 Prozent aus Geräten des Drägersystems.

Allein in Deutschland konnten von 1923 bis 1925 durch den Einsatz von Sauerstoff-Gasschutzgeräten 66 Bergleute gerettet werden.

In den Jahren des Wiederaufbaus 1923 bis 1925 wurden im deutschen Bergbau durch den Einsatz von 689 Sauerstoff-Gasschutzgeräten 66 Bergleute lebend gerettet, durch den Einsatz von 902 Geräten konnte viel Eigentum gesichert werden. Von der Totalsumme 1.331 eingesetzter Geräte waren 973 Ausrüstungen Geräte aus dem Hause Dräger.

Bernhard Dräger arbeitete eisern weiter – systematisch, motiviert, selbstkritisch, mit fast pedantischer Genauigkeit und großer Ruhe. Mit seinem Assistenz-Ingenieur Alfred Christensen und den beiden Versuchsmechanikern bildete er eine Einheit. Sein Vorgehen hatte Struktur: Ein Abwägen der ganzen Entwicklung, jedes Detail der Konstruktion klar vor seinem geistigen Auge, bis der erfinderische Gedanke Gestalt annahm. In solchen Phasen des Suchens hielt er alles Tagesgeschäft von sich fern. Gleiches galt für Überraschungsbesucher. So manchen hat er mit fürchterlichem Anschnauzer an die frische Luft gesetzt, sich später jedoch bei ihm in aller Form entschuldigt. Wirklich böse konnte ihm niemand sein.

Bernhard Dräger, einer der überzeugtesten Bewunderer Leonardo da Vincis, war innerhalb seines Wirkungskreises Beherrscher der vier Elemente geworden: *Erde* und *Feuer* in Gruben und auf Brandstellen, *Wasser* bis zu Tiefen von 80 Meter, *Luft* bis in die Stratosphäre. Er ging Leonardo da Vincis Weg in seiner Art weiter – in seinen Sauerstoff-Atemschutzgeräten, in den auf seinen Konstruktionsprinzipien aufgebauten freitragbaren, schlauchlosen Tauchergeräten, in den Höhenatemgeräten für Hochgebirgsforschung, für Ballon- und Flugzeugpiloten. Keine Erfindung, keine Konstruktion ohne nachprüfendes Experiment im Modell. Im atem- und arbeitsphysiologischen Versuch war er selbst Modell bis zum Ausschöpfen seiner letzten Kräfte.

Leonardo da Vinci sagte von sich, er sei ein »discipolo della sperenzia« – ein Schüler der Erfahrung. Der Altmeister des universellen Erfindens schrieb:

Meine Arbeit ist die Frucht reiner und einfacher Erfahrung, der einzig wahren Lebensmeisterin. Ohne Erfahrung kann es keine Gewissheit geben.

Diese Gedanken lenkten auch Bernhard Drägers Konstruktionsdisziplin. Wurde ihm aus Kreisen der Wissenschaft hier und da mal wieder vorgeworfen, die Erfahrungen ihrer Ältesten anzuzweifeln, antwortete er gerne mit einem Leonardo da Vinci-Zitat:

Wer sich in der Diskussion auf eine Autorität beruft, der gebraucht nicht seinen Verstand, sondern sein Gedächtnis.

Zu den für Bernhard Dräger in der internationalen Patentliteratur nachweisbaren Erfindungen gesellten sich seine zahlreichen Klein-Erfindungen. Er konstruierte neuartige Antriebs-Vorgelege, Anlagen des Vorrichtungsbaus und Presswerkzeuge, wie er denn auch in vielen Fällen sein eigener Werkzeugmacher war. Er schuf besondere Beleuchtungskörper für Werkbänke, für die Zeichen- und Schreibtische der Büros. Er baute in eigener Tischlerei mit seinem Tischlermeister Jagietka Büroschränke, deren innere Aufteilung nach seiner Idee genormt wurde. Er war Stuhlbauer und nicht wenig stolz auf seine Stühle, die als nicht nur praktisch, sondern bequem galten. Als er sein neues Wohnhaus zusammen mit Professor Karl Mühlenpfordt und dem Lübecker Architekten Alfred Runge erbaute, erfand er neuartige Fensterverschlüsse und Türgriffe. Wer als Kenner industrieller Anlagen durch den Betrieb ging, der sah sich sofort einer bestimmten Eigenart des Ausbaus gegenüber, die das Werk zu einer mustergültigen und bemerkenswerten Arbeitsstätte machte.

Für sein Wohnhaus entwarf Bernhard Dräger eigens Fensterverschlüsse und Türgriffe.

In den Jahren 1918 bis 1920 hatte Bernhard Dräger sich mit dem Bau eines freitragenden Gasschutzgeräts beschäftigt, in dem der mitzugehende Sauerstoff nicht in einem Stahlzylinder aufgespeichert, sondern innerhalb des Gerätesystems chemisch entwickelt und dem Atemorganen des Geräteträgers zugeführt wurde. Die Sauerstoffentwicklung geschah durch das Beatmen einer mit einem Superoxydpräparat ausgestatteten, in das Wegsystem des Geräts eingebauten Patrone. An diesen Versuchen war Hermann Stelzner entscheidend beteiligt. Das Gerät war für einstündigen und für zweistündigen Gebrauch entstanden.

Das nach Zufuhr von Ausatemkohlensäure und Wasserdampf sauerstoffabgebende Präparat zeigte ungeklärt bleibende Mängel. Auch seine Lagerbeständigkeit erwies sich als unzuverlässig. Das Gerät blieb ein Versuchsmodell. Sofort nach dem Rettungskongress in Amsterdam begannen Bernhard Dräger, Hermann Stelzner und Chefchemiker Dr. Gerhard Stampe neue Versuche. Aber auch dieses Gerät blieb wegen Unzuverlässigkeit in der Schublade.

Schon 1924 griff Bernhard Dräger die aus den Kreisen der Ballonfahrt und des Flugzeugverkehrs kommende Anregungen auf, die bis dahin nicht befriedigende Entwicklung der Sauerstoff-Höhenatemgeräte für den Gebrauch in Höhen über 6.000 Meter vorwärts zu bringen. Er entwickelte 1925 in Zusammenarbeit mit Hans Schröder das erste im Gerätesystem des Drägerwerks auftauchende lungenautomatische Höhenatemgerät mit Zusatz atmosphärischer Luft. Es galt als richtunggebende Konstruktionsgrundlage für den deutschen Höhenatmerbau.

Die Urlaube am Bodensee nutzte Bernhard Dräger meist zur Erholung. Für ihn bedeutete dies: eine Rückkehr zur alten Liebe seines Ingenieurberufs, dem Druckminderereinbau. Die Werkabteilung für autogene Schweiß- und Schneidgeräte suchte nach einem neuen, zur Serienherstellung geeigneten Druckminderer für hohe Durchlassmengen bei konstant bleibendem Betriebsdruck. In Bernhard Drägers Bodenseetagen entstand 1925 das Druckminderventil »Industrie-Automat«, der erst nach zwanzig Jahren von einem weiterentwickelten Ventil abgelöst wurde.

Bernhard Drägers Name ist eng verbunden mit der Gasmasken- und Atemfilterfabrikation. Der Gebrauch einer Gasmaske mit Atemfilter ist abhängig von ausreichendem Sauerstoffgehalt der den Geräteträger umgebenden Luft (mindestens 15 Prozent, bei Vordringen in kohlenoxydhaltige Luft mindestens 17 Prozent Sauerstoff). Sie retten den Träger in giftigen Gasen. Bei Sauerstoffmangel allerdings führt der Atemfiltergebrauch zu ernsten Zwischenfällen bis hin zum Tod. Mit Sauerstoff-Gasschutzgeräten ist ein solches Gebrauchsrisiko nicht verbunden, weil keine Abhängigkeit von der Zusammensetzung der Umluft besteht. Das Gerät versorgt den Träger mit Sauerstoff aus mitgeführtem, in einem kleinen Stahlzylinder aufgespeichertem Sauerstoffvorrat. Es macht ihn unabhängig.

Bernhard Drägers Beschäftigte fertigten 1915/18 über zwei Millionen Gasmasken mit doppelter Kampfstoff-Filterausrüstung; er konstruierte sie auftragsgemäß für Zwecke der Landverteidigung nach technisch-chemischen Normen des Kaiser-Wilhelm-Instituts. Seine Einstellung veränderte dies nicht: Er konnte dem chemischen Krieg keine feldzugentscheidende Bedeutung beimessen. Nach Beendigung des Krieges 1914/18 beschloss er, die Gasmaskenfertigung nicht fortzusetzen. Er legte die Maskenwerkstätten still, obwohl er den hohen Schutzwert der Geräteart anerkennen musste.

Unter dem Eindruck des Krieges stellte Bernhard Dräger die Produktion der Gasmasken ein.

Im Oktober 1925 entschloss sich Bernhard Dräger zur Herstellung eigener Gasmaskentypen, bestimmt als Verbindungsstück zwischen freitragbarem Sauerstoff-Gasschutzgerät und Mensch und als Maskenstück für den Gebrauch eines Atemfilters.

Ein Jahr später fand Bernhard Dräger in Dr. Gerhard Stampe den Mann, den er für die Erweiterung seiner chemischen Laboratorien einsetzen und dem er den Neuaufbau einer Atemfilterfabrikation anvertrauen konnte. Die Verbreitung einer Atemfilterfabrik für Gasmasken begann 1927. Das war der erste, mit manchen Erfindungen verbundene, selbständige Schritt dieses zielsicher und ideenreich arbeitenden Chemikers, mit dem uns eine jahrzehntelange Arbeitsgemeinschaft verband.

Im Maskenbau für Feuerwehr, Industrie, Gewerbe und Sanitätsformationen verfolgte Bernhard Dräger eigene Wege aus den Erfahrungen, die er bei seiner Konstruktionsbeteiligung im Gasmaskenbau des Heeres sammeln konnte. Im Gegensatz zu den konfektionierten Masken der durch den Krieg erzwungenen Maskenherstellung wurde die Fertigung des neuen Maskentyps auch in der Serienherstellung Feinarbeit und auf handwerkliche Besonderheit verstärkt abgestimmt. So entstand eine nahtlose Ledermaske nach dem Tütenschnitt – schon 1915 von Bernhard Dräger und Hans Schröder vorgeschlagen – und mit verstellbarer Kopfbänderung. Die nach neuen Gesichtspunkten bearbeitete Bänderung machte die nahtlose Ledermaske zu einer jeder Kopfform individuell anzupassende Einheitsmaske – die erste ihrer Art, vielfach nachgeahmt. Ein Vorschlag seines jüngsten Sohnes Bernhard veranlasste

Bernhard Dräger, Versuche mit eiförmigem Augenfenster (Eiform auf Spitze gestellt) zu machen. Seit 1924 hat die nahtlose Ledermaske je nach Anwendungszweck zwei runde oder zwei eiförmige Fenster, ein großes rundes und ein halbmondförmiges Fenster. Die beiden zuletzt genannten Fensterarten haben einen Scheibenwischer, die Fensterpaare sind mit Klarscheiben ausgerüstet. Ab 1917 war das vertikal eingebaute Eiformfenster auch im polnischen und nordamerikanischen Gasmaskenbau zu finden.

Häufiger war die internationale Nachahmung einer anderen, von Bernhard Dräger erfundenen Einzelteilkonstruktion, welche ein Abriegeln des Maskentotraums bewirkt. Atmet der Mann innerhalb dieses 400 bis 500 Kubikzentimeter großen Bereichs, muss eine störende Aufstauung der Ausatemkohlensäure im Totraum entstehen. Bernhard Dräger baute im Maskeninneren über dem Maskenanschlussstück eine kleine, zweite Maske. Er nannte sie »Innenhilfsmaske«. Sie umschließt leicht abdichtend Mund und Nase des Geräteträgers und riegelt den Maskentotraum, in dem sich nun auch keine störendenden Mengen Ausatemkohlensäure stauen können, in gewünschter Art ab. Sie verlängert die Gebrauchsdauer der Augenfensterklarscheiben, weil der größte Teil der wasserdampfführenden Ausatemluft von den Fenstern ferngehalten wird. Für den Gebrauch der Maske als Filtergerät hat diese Atemsteuerung dieselbe physiologisch wichtige Bedeutung wie für die Anwendung der Maske als Verbindungsorgan zwischen Mann und Gerät: Vermeiden einer Überreizung des Atemzentrums durch Wiedereinatmen einer größeren Menge aufgestauter Ausatemkohlensäure. 1930 kam erstmals eine Mitbenutzung der »Innenhilfsmaske« im polnischen Gasmaskenbau vor.

Bernhard Drägers Tod

Wir beobachteten im täglichen Umgang mit Bernhard Dräger wiederkehrende Gesundheitsstörungen an ihm. Er führte trotzdessen alle Versuche mit gewohnter Energie und Sorgfalt durch. Unsere Beunruhigung hielt sich daher in Grenzen. Es war seine Art, über eigene körperliche Beschwerden kein Wort zu verlieren.

Das ganze Jahr 1927 war mit Konstruktionsarbeiten für ein neues Sauerstoff-Klein-Gasschutzgerät ausgefüllt. Die Arbeiten galten einem Einstundengerät, das in einer mit Schutzdeckeln verschließbaren Tragschale den Sauerstoffzylinder, die Luftverteilungsarmaturen, die Luftregenerationspatrone und den Atembeutel aufzunehmen hatte. Seit zwei Jahrzehnten wurde dieser spezielle Zusammenbau gesucht, um den Träger von auf der Brust und an den Körperseiten liegenden Geräteteilen zu befreien und die Traglast des ganzen Geräts rucksackartig auf den Rücken zu verlagern.

Bernhard Dräger erreichte mit seinem Sauerstoff-Klein-Gasschutzgerät (KG-Gerät) »Modell 1928« eine zunächst abschließende Lösung. Kein Einstunden-Sauerstoffgerät des zivilen Gebrauchs fand, international gesehen, eine so schnelle und große Verbreitung wie der Selbstretter 1924, die Konstruktionsgrundlage der Entwicklung bis 1927, und das KG-Gerät 1928 (abschließende

Verbreitungsziffer 1934 über 10.000 Stück für die Benutzung durch rund 40.000 ausgebildete Männer des Gasdienstes). Die Geräte arbeiteten mit einer fest eingestellten Sauerstoffdosierung von 1,5 Litern pro Minute und mit einer von Hand zu bedienenden Zusatz-Sauerstoffdosierung (Druckknopfdosierung).

Bernhard Dräger arbeitete an der Entwicklung des Geräts KG 1928 mit verbissener Energie. Seine Mitarbeiter hatten einen schweren Stand. Er arbeitete wie jemand, dem nicht mehr viel Zeit bleibt. Die für das jeweilige Modell eines Entwicklungsabschnitts nötigen Versuchsarbeiten leistete er mit eigenem Körper. Das Verwaltungsgebäude des Werks hatte zwei Treppenhäuser, die in jedem Stock durch Wandelgang verbunden waren. Das dienstliche Arbeitszimmer des Chefs lag im zweiten Stock, unweit des Paternosterzugangs. Der Weg von hier aus über die Hintertreppe zu den Stockwerken drei bis fünf war mit Entfernungszeichen in Metern markiert. So konnte die für das Zurücklegen dieses Weges entstehende Arbeitsleistung gemessen werden.

Im Winter 1927 begann Bernhard Dräger seine Atemversuche mit KG 1928 am eigenen Körper. Morgens kurz nach zehn Uhr hörte ich ihn kurzen Schrittes an der Tür meines Arbeitszimmers im fünften Stock vorübereilen. Morgen für Morgen. Seine Selbstkritik trieb ihn zur Übersteigerung. Nach Ablauf der Übungsstunde war er schweißgebadet. Er fuhr nach Hause, um sich zu erfrischen, um gegen zwölf Uhr mittags bereits wieder im Werk die Versuchsprotokolle und die Atemluftanalyse zu studieren.

An einem Morgen unterbrach er den Übungsmarsch in Stock fünf. Da ich das Abstoppen seiner Schritte hörte, ging ich besorgt auf den Flur. Ich sah ihn in dem Vierländer Gestühl des vorgelagerten Besucherraumes mit angelegtem, aktiviertem Gerät sitzen. Er benutzte Maskenatmung. Ich fragte, was passiert sei. Er antwortete:

»Es fehlen nur noch zehn Minuten an einer Stunde. Ich bin heute recht erschöpft. Doch ich habe jetzt ein volles Ergebnis. Wir dürfen uns freuen. Bei den erweiterten Luftwegen des Geräts ist die Arbeitsleistung mit 1,5 Litern pro Minute Sauerstoffdosierung größer als bisher. Damit kann ich meine Atemversuche abschließen.«

Er konnte – dank in jahrelanger Übung perfektionierter Atemdisziplin – unter der Maske gut sprechen. Heute aber waren seine Worte abgerissen, die Atmung während des Redens mühsam. Er wirkte sehr erschöpft. Er sah meine Sorge:

»Sie wissen sehr genau: Ich kann nicht anders. Ich kann mich auf jeden von euch verlassen, und ich hätte einen größeren Teil der Atemversuche unserem lieben Arnold Gottlebsen aufhalsen können. Aber ich muss das Ergebnis selbst erfühlen, wenn ich verantwortungssicher sein will.«

Er hatte Recht. Aber er brachte sich in Not. Nach Ablauf der zehn Minuten legte er das Gerät ab und ging davon.

Alfred Christensen und ich prüften im Labor die Protokolle und Atemluftanalysen. Bernhard Dräger hatte erreicht, was er sich vorgenommen hatte. Er fand, wie sich schon bald herausstellte, das damals beste Sauerstoff-Klein-Gasschutzgerät der Welt.

»**Sie wissen genau: Ich kann nicht anders. Ich muss das Ergebnis selbst erfühlen.**«

Es wussten nur wenige um Bernhard Drägers ernste Erkrankung. Er hatte in den letzten Tagen einige Schwächeanfälle. Niemand dachte ernsthaft daran, dass wir ihn verlieren könnten. Herzmuskelschwäche brauchte kein Dauerzustand zu sein. Wir waren voller Hoffnung, zumal seine intellektuelle Anleitung weiter bestand.

Im November 1927 entschloss er sich zu einem längeren Kuraufenthalt in Bad Nauheim. Zwei Tage vor seiner Reise, auf der ihn seine Frau Elfriede begleitete, rief er mich an sein Krankenbett. Es war ein schöner Spätherbsttag. Die Sonne lag über dem Haus. Der alte Baum im Fliederhof hielt krampfhaft seine letzten Blätter bei sich.

Bernhard Dräger hatte mich gebeten, einen Berg Besprechungsmaterial aus seinem Arbeitszimmer im Erdgeschoss mitzubringen. Es standen Blumen in den Vasen. Die Pendeluhr auf dem Kaminsims meldete Mittag. Die große hamburgisch-vierländische Standuhr aus der Vorhalle schloss sich ihr an. Stunde für Stunde schlugen die beiden Uhren in diesem genau abgestimmten Wechsel.

Elfriede Dräger

Dann war es still. Ich atmete tief durch, nahm die nach Inhalt sortierten Konferenzmappen von Bernhard Drägers Schreibtisch und ging zu ihm.

Er war allein im Schlafzimmer. Alle Fenstervorhänge waren zurückgezogen. Er bat mich, auf einem Hocker dicht an das Bett zu rücken. Die Konferenzmappen legte er abseits. Vor sich auf der Bettdecke hatte er Einzelheiten der Konstruktionszeichnungen für das amerikanische Sauerstoff-Gasschutzgerät von Dr. William E. Gibbs ausgebreitet, das mit einer durch das Hebelwerk gesteuerten lungenautomatischen Sauerstoff-Dosierung arbeitete. 1915 hatte ihn das Bureau of Mines in Pittsburgh gebeten, die Anfertigung der Konstruktion zu übernehmen. Der Eintritt in die USA in den Krieg 1914/18 verhinderte weitere Verhandlungen.

»Ich will mich in den mir aufgezwungenen Ruhetagen erneut mit den Problemen der lungenautomatischen Sauerstoffdosierung beschäftigen. Die Vorschläge von Dr. Gibbs sind geistreich. Aber es scheint mir, als seien sei auf dem Weg vom Komplizierten zum Einfachen entwicklungsfähig. Ich bitte Sie, aus Mappe I noch einmal die rechnerischen Werte zusammenzutragen. Ich will sie nach Nauheim mitnehmen. Ohne Arbeit werde ich es dort nicht aushalten können.«

Ich schmunzelte und übergab ihm eine ausführliche Beschreibung des Lungenautomaten Gibbs, die ich wenige Tage vorher niedergeschrieben hatte. Er legte sie zu seinen Reisepapieren, die sorgsam aufgeschichtet auf einem Beitisch lagen. Minutenlang sah er schweigend auf die vor ihm ausgebreiteten Zeichnungen. Dann glitt sein Blick über mich hinweg aus dem Fenster.

»Ich bin krank«, begann er, »und ich weiß nicht genau, was mir fehlt. Ist es das Herz? Oder ist es etwas anderes? Jedes Menschen Uhr muss einmal ablaufen. Wir wollen deshalb kurz Rückschau halten. Ich habe mein Haus bestellt. Und doch bin ich nicht ohne Hoffnung. Ich habe an vieles gedacht, was wir beide seit Courrières gemeinsam haben tun müssen. Was sich so eingelaufen hatte, dass wir in Zeiten schnell auftretender Entschlussbelastung oft dasselbe wollten oder taten, ohne vorher beraten zu können. Trotzdem habe ich mich gefragt: Habt ihr Fehler gemacht, oder macht ihr keine? Ich fand: Wir haben Fehler gemacht, aber es waren kleine. Große Fehler machten wir nie. Wir wurden behütet. Dafür wollen wir dankbar sein.« Er machte eine Pause, dann fragte er mich unvermittelt. »Wenn ich nicht mehr da sein sollte, werden Sie dableiben?«

Ich war erschrocken: »Doktor Dräger, ich komme nicht mehr los. Doch weshalb wollen Sie nicht dableiben?«

»Meine Frage ist vorsorglich. Sie werden mit meinen Söhnen arbeiten können, sie sind ein Stück von mir und von meinem Vater. Ich weiß, das Werk ist mein Ich, deshalb wird es weiterarbeiten auch ohne mich, weil auch die leitenden Männer ein Stück von mir geworden sind. Das ist es, was mir manche ruhige Stunde gibt.«

Langes Schweigen. Ich sah ihn nach Luft ringen. Er bat um Sauerstoff. Ich reichte ihm die Atemmaske eines Sauerstoff-Inhalationsgeräts, das am Kopfende seines Bettes stand. In kurzen Wellen atmete er aus dem Sauerstoffstrom. Ich hatte Mühe, ruhig zu bleiben. Nach wenigen Minuten atmete er wieder entspannter – und ich gleich mit. Er fragte:

»**Sie werden mit meinen Söhnen arbeiten. Sie sind ein Stück von mir und von meinem Vater.**«

»Haben Sie die Gebrauchsvorschriften für das ›Modell 1928‹ des KG-Geräts fördern können? Ich habe die Fertigung freigegeben. Der Einkauf hat für die nötigen Materialmengen gesorgt. Heinrich Lühr hat sich um die Materialbeschaffung sehr verdient gemacht. Meister Fritz Plath bemüht sich bereits um das Einzelteil- und um das Ersatzteillager. Deshalb wird Alfred Christensen in wenigen Monaten liefern können.«

Ich erzählte ihm, wie gut die Vorarbeiten vorankamen.

»Ist es nicht so«, fuhr er fort, »immer hat der Bergmann sein Totenkleid an. Haben wir denn wenigstens die Zahl der tödlichen Unfälle beim Gebrauch unserer Sauerstoff-Gasschutzgeräte von uns aus günstig beeinflussen können? Es gibt unabwendbare Verantwortungen. Unsere Verantwortung für das Leben des bergmännischen Rettungsmannes gehört dazu. Sie hat mir vor der Seele gestanden, seit ich 1903 auf Camphausen an der Saar zu wenig Sauerstoff gab. Bergrat Flemming erlebte den Vorgang mit mir. Ich danke meinem Gott, das rechtzeitig erkannt zu haben. Vielleicht wird sich diese Verantwortung bald auf meine Söhne verlagern. Noch etwas: Haben Sie Unterlagen über eine Reduzierung der tödlichen Unfälle seit 1924?«

Ich gab ihm eine Zusammenstellung der Statistiken des preußischen Bergbaus. Lange sah er auf die Tabellen. Die Anzahl der tödlichen Unfälle während des Gerätegebrauchs waren innerhalb der Vergleichs-Jahresabschnitte um mehr als 75 Prozent gesunken. Das Absinken der Unfallziffer begann 1925 sofort mit dem Einsatz des von ihm neukonstruierten Bergbau-Geräts »Modell 1924«.

»Aber immer noch Tote. Was ergab die amtliche Untersuchung der drei nach 1924 aufgetretenen tödlichen Unfälle?«

»Äußere Umstände verursachten sie. Die Geräte der verunglückten Träger erwiesen sich als in Ordnung.«

Mit festem Händedruck nahmen wir Abschied. Leise drückte ich die Türklinke nieder, schlich in den Flur und drehte mich noch einmal zu ihm um. Er schlief bereits.

Bernhard Dräger kam wieder. Ehrliche Freude lag über der kompletten Belegschaft des Werks. Er rief seinen Mitarbeiterstab zu sich und besprach mit ihm alle laufenden Angelegenheiten des Betriebs und der Verwaltung, Anerkennung und freundliche Kritik austeilend.

Ab und an war er vorübergehend in der Privatklinik seines Freundes und Arztes Dr. med. Roth im Allgemeinen Krankenhaus zu Lübeck, aber das beunruhigte uns nicht weiter. Wir zählten das zu dem Prozess seiner Genesung.

War er im Werk, dann mit voller Kraft. Seine erste Sorge galt der begonnenen Serienherstellung des Sauerstoff-Kleingasschutzgeräts »Modell 1928«. Er wartete ungeduldig auf die durch mich zu veranlassende öffentliche Ankündigung des Geräts. Grundsätzlich geschah eine solche Ankündigung erst dann, wenn der Fabrikationsstand eine sofortige Lieferung des Geräts und seiner Ersatzteile gewährleiste. So wollte man verhindern, eine begonnene Rettungsarbeit durch einen Lieferengpass nötiger Ersatzteile zu gefährden. Alfred Christensen konnte ihm für den 10. Januar 1928 die Auffüllung des Teilelagers versprechen. Er hielt Wort. Wir berieten die Ankündigungsformen. Die Gebrauchsvorschriften waren bereits gedruckt. Die internen »Draegerhefte«, in denen ich dem Gerät ein technisch beschreibendes Geleitwort gab, standen vor Redaktionsschluss. Wir machten ihm mit diesen Nachrichten eine große Freude.

Am 11. Januar 1928 besuchten Alfred Christensen und ich ihn in Dr. Roths Privatklinik, präsentierten ihm ein fertiges Gerät in allen seinen Einzelteilen, seine Dosierung, seine Dichtigkeit. Er war zufrieden. Plötzlich warf er die Decke zurück, stieg aus dem Bett und schulterte das Gerät zu unserem Entsetzen auf den leichtbekleideten Körper:

»Lassen Sie mich – es muss sein!«

Er ging im Zimmer auf und ab. Er vollführte eine seiner obligatorischen Tragproben. Nie hat ein neukonstruiertes Gerät das Werk verlassen, ohne dass er den Tragsitz, der arbeitsphysiologisch eine wichtige Mitbedeutung hat, bis zur letzten Möglichkeit ausbalancierte.

Er blieb stehen, die Druckwirkung des Tragsitzes auf seinen Körper überprüfend. Wieder gings quer durchs Zimmer. Als er den Versuch zu einer Kriechübung machte, nahmen wir ihm das Gerät unter Überhörung des Protests ab. Er legte sich wieder hin.

»Ich muss mich jetzt ausruhen. Schicken Sie mir morgen die Texte der öffentlichen Geräteankündigung und den Artikel für die ›Draegerhefte‹. Vielleicht habe ich einige Zeilen hinzuzufügen.«

Am Nachmittag des 12. Januar 1928 waren die von ihm gewünschten Unterlagen versandfertig. Die Hauspost war verständigt worden, sie umgehend weiterzubefördern.

Ich saß an meinem Schreibtisch. Wir suchten nach einer Überraschung für Bernhard Drägers endgültige Rückkehr ins Werk. Es musste etwas Einfaches sein. Er lehnte allzu Lautes schlichtweg ab. Als ich 1907 zum ersten Male zu einer Geburtstagsgratulation bei ihm antrat, meinte er mit übertrieben finsterem Gesicht:

»Sie Unglückswurm!«

»Unglückswurm? Weshalb?«

»Ich nehme grundsätzlich keine Gratulationen an – nie!«, sagte er, nun schmunzelnd.

»Sie werden mich nie wieder als Geburtstagsgratulant vor sich sehen«, versprach ich. Dabei blieb es.

Ich kam auf den Gedanken, einen mit befreundeten Bergmannschor aus dem Deisterrevier zu bitten. Sie sollten an seinem ersten Ankunftstag in der Vorhalle seines Arbeitszimmers das alte Bergmannslied an den Steiger singen:

Der Steiger kommt!
Und er hat sein helles Licht bei der Nacht
Und er hat sein helles Licht bei der Nacht
Schon angezündt.

Da klopfte es an der Tür.

»Herein!«

Das Gesicht des Eintretenden verriet mir die Nachricht eigentlich schon. »Was ist los?«

»Bernhard Dräger ist tot!«

Die Tür schloss sich. Der Bote war weg. Ich sprang auf, stürzte in die Vorhalle und rief dem Boten nach:

Nach dem Tod seines Vaters übernahm Heinrich Dräger 1928 die Leitung des Drägerwerks

»Wer schickt mir diese Nachricht?«
»Frau Elfriede Dräger«, klang er zurück.
So ging die Todesbotschaft von Abteilung zu Abteilung. Ich suchte Halt in meinem Schreibtischstuhl. In den Verwaltungsstuben schwiegen die Konferenzen und die Schreibmaschinengeräusche. In den Ingenieurabteilungen legten die Männer das Werkzeug aus der Hand. Minutenlang standen alle Räder still.

Bernhard Dräger starb am Nachmittag des 12. Januar 1928 an einem Lungenkarzinom. Unter der Fahne des deutschen Grubenrettungswerks, gehalten von Grubenwehrmännern des Ruhrkohlenbergwerks Rheinelbe, haben wir ihn zu Grabe getragen.

Ende